新世

话语意义的建构

吕明臣　著

东北师范大学出版社　长　春

图书在版编目（CIP）数据

话语意义的建构/吕明臣著．—2版．—长春：东北师范大学出版社，2015.3（2025.7重印）
ISBN 978-7-5681-0304-6

Ⅰ．①话…　Ⅱ．①吕…　Ⅲ．①话语语言学　Ⅳ．H0

中国版本图书馆CIP数据核字（2015）第267595号

□责任编辑：陈国良　□封面设计：李冰彬
□责任校对：沙铁成　□责任印制：张允豪

东北师范大学出版社出版发行
长春净月经济开发区金宝街118号（邮政编码：130117）
网址：http：//www.nenup.com
东北师范大学出版社激光照排中心制版
河北省廊坊市永清县晔盛亚胶印有限公司
河北省廊坊市永清县燃气工业园榕花路3号（065600）
2015年3月第2版　2025年7月第3次印刷
幅面尺寸：148mm×210mm　印张：7.125　字数：197千

定价：42.00元

内 容 提 要

话语意义的建构是语言学和语言哲学研究的热点问题，也是语言心理学研究的一个崭新课题。本书从跨学科的视角，主要是从当代认知心理学角度，采用史论结合、虚实并举的方法探讨了话语意义的建构——言语交际过程中的信息加工。这一课题的研究，不仅对建构认知语言学、发展认知心理学具有重要的学术价值，而且对提高人们的言语交际能力，促进彼此沟通具有重要的实践意义。

本书由五个章节和一个结语共六个部分构成。

第一章讨论话语意义的性质及其研究目标和方法等问题。本书用话语意义指称言语交际中的意义，包括一般所说的“字面意义”和“会话含义”。话语意义和语言意义不同，尽管话语意义包含有语言意义，但话语意义是个人的、动态的和具体的，语言意义是社会的、静态的和抽象的。从认知心理学的角度看，话语意义是在认知加工中的短时记忆中临时建构的，语言意义是在人的长时记忆结构中贮存的。强调话语意义的心理学内涵极为重要，这意味着将言语交际的主体——人置于言语交际行为的中心地位，说话人和听话人不再是“意义”简单的传达者和接受者，而是“意义”的创造者。

话语意义建构和语言理解问题相关。语言理解一直是心理学，尤其是认知心理学的重要研究课题。不过，关于语言理解的研究主要集中在词语、句子和语篇方面，对言语交际意义，尤其是话语意义并没有正面的涉及。但认知心理学和认知语言学的理论方法却为我们深入研究言语交际中的意义问题提供了思路和方法。

本书强调话语意义具有的心理学内涵，从认知心理学的信息加工理论出发，借鉴认知语言学、分析哲学、语言学等学科的研究方法，揭示了话语意义建构的属性和内在心理过程。

第二章以话语意义为中心回顾了有关研究理论的进展，这是本书研究的起点。言语交际中的意义有两种表现：一种是“字面意义”，一种是“言外之义”。如何理解这样的意义成了语言学、哲学、心理学研究的重要课题。结构语言学从修辞、语法的角度解释它们；日常语言学派哲学家从言语行为、人类交际的角度加以阐释，出现了奥斯汀和塞尔的言语行为理论和格莱斯的会话含义理论；语用学家斯波珀和威尔逊站在认知心理学的立场上提出了关联理论，对言语交际意义给出了认知解释。在对这些相关研究理论的回顾中不难发现话语意义研究的发展趋向：从结构语言学走向语用学；从语言学、哲学研究走向认知心理学研究；从静态解释走向动态的解释；从注重言语交际的外部描述走向言语交际主体的内在心理过程的分析。

第三章讨论话语意义的构成。本书从静态和动态两个方面阐述了话语意义的构成。静态方面是话语意义的来源和构成成分。从来源上看，话语意义由被主体认知到的主体需要、主体认知状况、交际背景、交际情境、语言结构和副语言构成。在话语意义的整体中，不同来源的意义处在互补的关系之中。从意义成分性质方面看，话语意义主要由四种成分构成：表意成分、表事成分、表情成分和表象成分。在话语意义的认知加工中，这些成分是渗透在其中的。

从动态的方面看，话语意义不是预先存在的，而是在言语交际行为中主体围绕着交际意图的一种认知建构。交际意图源于主体对某种需要的满足，它是言语交际行为产生的动机，也是话语意义的基础和核心。交际意图的结构分为意向和意向内容两部分，意向规定了交际意图的属性，意向内容是意向的具体方面。交际意图可以用图式的概念加以表达，主要有告知图式、请求图式和意愿图式。

交际意图是话语意义的核心，主体围绕这个核心建构话语形式，在这个建构过程中出现了围绕交际意图的衍生意义。话语意义是由交际意图和衍生意义构成的，是言语交际主体的一种认知加工结果。

第四章论述话语意义建构因素、原则和途径。话语意义的认知加工实际上是围绕交际意图和话语形式标识进行的。主体的认知加工涉及一些相关要素，包括交际意图的类型、交际主体自身、背景知识、交际情境、话语形式和主体具有的认知能力和经验。主体的认知能力和经验是基础，其他的要素只有在言语交际能认知到并成为主体认知背景的一部分时才会对话语意义的认知加工产生影响。

相关要素能否对话语意义建构发生影响、发生什么样的影响是通过主体的选择来决定的。主体的选择遵守了一些原则，这些原则可以视为言语交际主体的认知策略。本书概括的原则有：关联原则，指话语形式一定和交际意图相关联；显著性原则，交际意图和话语形式的关联越显著，就越容易为主体加工，相反，主体就会投入更多的认知努力；简洁性原则，指言语交际的经济性，即以尽可能少的话语形式标识交际意图，简洁性与主体的认知加工速度有一定关系；适宜性原则，广义是指标识交际意图的话语形式具有心理的可接受性。在主体的认知加工中，这些原则的制约力是不同的，必须要遵守关联性原则并在此基础上选择其他原则。话语意义是这些原则综合平衡的结果。

话语意义的建构与如何用话语形式标识交际意图的途径有关。言语交际的实现途径主要包括：明示途径，用结构化的语言成分标识交际意图；暗示途径，话语形式和交际意图的连接经过一些中间环节，表现为主体认知加工中的推断，这些推断是通过主体内在的逻辑结构、有关常识经验的认知图式和语义结构实现的；隐喻途径，通过人普遍具有的隐喻认知方式完成话语意义的建构。

第五章描述了话语意义建构的心理过程。话语意义的建构过程是由说话人和听话人共同完成的：说话人为交际意图选择话语形式标识，听话人通过话语形式标识寻找到交际意图。言语交际的两个主体由话语形式连接起来，话语意义就是在这样的连接过程中建构出来的。说话人和听话人的认知加工过程方向不同，但具有相同的加工环节：相关知识激活阶段、假设形成阶段和选择决定阶段。

话语意义是以交际意图为核心的认知建构，这种认知建构体现为在言语交际行为的认知加工中主体所具有的各种知识的激活、连接和重组。可以说，话语意义是认知主体知识的一种以交际意图为核心的临时组合状态。相关知识激活就是把主体认知背景中的那些与交际意图相关的知识调动起来，这是话语意义产生的前提。相关知识的连接就是被激活的相关知识以某种方式发生关系，表现为相关知识和交际意图连接以及各种相关知识之间的相互连接。相关知识的重组是在各种相关知识的连接中加以选择以找出最适宜的连接，话语意义在相关知识的重组中建构出来。话语意义的临时性就决定于这种重组的暂时性，交际行为结束了重组就消失，除非某种重组被放进长时记忆中，成为主体知识的一部分。

认知心理学、心理语言学以及在认知语言学旗帜下的理论都关注语言内在的心理结构和过程，并在句子和语篇的理解研究领域取得了很大的进展。随着研究的深入，言语交际行为中的话语意义建构问题必然成为关注的焦点。本书的研究就是这种意义上的一种理论尝试。

关键词：话语意义　认知　信息加工　建构过程

Abstract

The construction of speech meaning is a hot topic in the studies of linguistics and lingo-philosophy. It is also a brand new subject field for psycholinguistics. From an interdisciplinary background, and especially from the view point of modern cognitive psychology, by means of combining history and theory, the book discusses the construction of meaning of speech——the processing of information in speech communication. The subject is not only important theoretically to constructing cognitive linguistics and to developing cognitive psychology, but also has important practical significance to improving human speech communicative ability and promoting communication.

The book is made up of six parts which are five chapters and an epilogue.

Chapter One discusses the problems such as the character of speech meaning, the research aims and methods. The book exploits the concept of speech meaning to refer to the meaning in the speech communication. Speech meaning includes the literal meaning and the conversational implicature. Speech meaning is different with language meaning. Though speech meaning contains language meaning, speech meaning is individual, dynamic and specific. Language meaning is social, static andabstract. From the viewpoint of cognitive psychology, speech meaning is constructed temporarily in short-term memory, and language meaning is stored in the long-term memory. It is extremely to emphasize the psychological connotation of speech meaning, which means that human being is put in the central position in verbal communication, addresser and addressee are not the simple deliver and receiver, but creator concerning the meaning.

The construction of speech meaning has much to do with language comprehension, which has been an important research subject in psychology, especially cognitive psychology. However, studies about language comprehension has been mainly focusing on words, sentences, and passages instead of directly dealing with the meaning of speech communication, especially speech meaning. By comparison, theories and methods of cognitive psychology and cognitive linguistics provide us with new ideas and methodologies to further our studies about meaning in speech communication.

The book stresses speech meaning has psychological connotation. Based on information processing theories of cognitive psychology, by borrowing research ideas from such disciplines as cognitive linguistics, analytical philosophy, and linguistics , the book tries to reveal the attributes and internal psychological processes of the construction of the speech meaning.

Chapter Two takes speech meaning as the center to review the related theories development. That is starting point of our research. The meaning in speech communication manifests itself into two sides: the literal meaning and the illocutionary force. How to understand such meaning becomes an important task for the study of linguistics, philosophy, and psychology. Structuralist linguistics explains from a rhetoric and grammar point of view; philosophers from the Everyday Language School illustrate it by way of speech act and human communication, leading to J. S. Austin and J. Searl's Speech Act Theory and H. D. Grice's Conversational Implicature Theory; Pragmatics experts, Dan. Sperber and Wilson, starting from cognitive psychology , propose the Relevance Theory, giving a cognitive explanation to the meaning of speech communication . By reviewing those relevant theories, it is not difficult to find the developing tendency of the study of speech meaning: from Structural Linguistics to Pragmatics; from the study of Linguistics and Philosophy to the study of Cognitive Psychology; from the static explanation to the dynamic explanation; from the external description stressing speech communication to the analysis of the internal psychological process of the speech communication subject.

Chapter Three discusses the constitution of speech meaning. It is divided into static aspect and dynamic aspect. The static aspect is the source of speech meaning and the components of speech meaning. According to the sources, speech meaning consists of the known needs and cognitive situation of subject, communication background, context of situation, linguistic structure and paralanguage. Furthermore, meanings of different sources exist complementarily. On the basis of the properties of meanings, speech meaning consists of four elements, namely, element of meaning, element of acts, element of emotion, and element of images, which permeate each other in the cognitive processing of speech meaning.

From the dynamic aspect, Speech meaning does not form itself in advance. Rather, it is a kind of cognitive construction in speech communication act, centered around the subject's communicative intentions. Communication intentions originate from the needs of subject, serves as motivation of speech communication and the base and core in speech meaning. The structure of it is divided into two parts: intention which formulates properties of communicational intention and contents of intention which express intentions in details. The communicative intention can be expressed by the concept of schemata, mainly: Informing Schemata, Request Schemata, and Intention Schemata.

The core of speech meaning is the communicative intention, around which the utterance form is constructed. During this process, derivative meaning comes up around the communicative intention. Speech meaning, is the product of cognitive processing by the subject of speech communication.

Chapter Four dissertates the factors, principles and approaches of construction of speech meaning. The cognitive processing of speech meaning is actually conducted around communicative intention and the marks of discourse forms. The subject's cognitive processing is also related to some other elements, such as the type of communicative intention, the subject of communication himself, background knowledge, communicative context, discourse form, the cognitive capacity and experience of the subject. While the cognitive capacity and experience forms the basis, the other elements can influence the cognitive processing of speech meaning only when the utterance communication is recognized and come into part of the cognitive background of the subject.

Whether the relevant elements can influence the construction of speech meaning, or what influence it will exert depends on the choice of the subject, and it is in accordance with some principles that can be viewed as the cognitive strategy of the subject's utterance. The principles concluded in this dissertation include the following. Relevance Principle, i. e., utterance form is related to communicative intention. Obviousness Principle, i. e., the more obvious the communicative intention is related to utterance form, the easier they will be processed, and the more cognitive effort the subject will put into it. Brevity Principle, i. e., the economy of speech communication, that is , the least speech form is used to signify communicative intention. This principle is related to the speed of the subject's cognitive processing. Appropriateness Principle, broadly speaking, refers to the psychological acceptability of utterance form that signifies communicative intention. The restriction of these principles is different in the cognitive processing of the subject. Based on the Relevance Principle, which must be followed, other principles are chosen. Speech meaning is the product of comprehensive balance of these principles.

The construction of speech meaning is related to the paths of how discourse forms mark communication intention. The paths used to realize speech communication recognized by the dissertation include: ostensive path, in which the structurized language marks communication intention; suggestive path, appears to be inference of subject in cognition processing used to link discourse forms and communication intentions, and the inference is realized by means of logical structure of subject, the cognitive schema of relevant common sense and experiences, semantic structure as well; metaphorical path, appears to complete the construction of utterance meaning by means of metaphorical cognition subject has in common.

Chapter Five describes the cognitive course of construction of speech meaning. The construction of speech meaning is completed by addresser and addressee mutually: on the one hand, addresser chooses discourse form marks based on communication intentions; on the other hand addressee finds the communication intentions by discourse form marks. Through discourse forms the two subjects are connected, and therefore, speech meaning results. Although addresser and addressee have the different direction in cognitive processing, they share the same steps of processing: activation of the relevant knowledge, formation of assumption, language choice and determination.

Speech meaning is a cognitive construction centered around communicative intention. The cognitive construction is displayed as the activation connection, and reconstruction of various knowledge of the subject. That is, speech meaning is a temporary combined state of cognitive knowledge of the subject focusing on communication intention. Activation of relevant knowledge is to motivate the knowledge relevant to communicative intention in the subject's cognitive background, which is the premise for speech meaning to be produced. Connection of relevant knowledge means the activated relevant knowledge is connected to each other in some way and is displayed as the connection between relevant knowledge and communicative intention, as well as connection between the various relevant knowledge. Reconstruction of relevant knowledge means choosing in the connection between various relevant knowledge to find out the most suitable one and then speech meaning is constructed in the reconstruction. The temporariness of speech meaning is due to the temporariness of the reconstruction. Once communicative act finishes, the reconstruction also disappears, except that a certain type of reconstruction is put into long-term memory and becomes a part of the subject's knowledge.

All the theories under the banners of cognitive psychology, psycholinguistics, and cognitive linguistics pay close attention to inner psychological structures and processes of language. They have been greatly advancing the research progress concerning sentence and text-comprehension. As research goes on, the construction of speech meaning in speech communicative act will surely become the focus of attention. In this sense, the dissertation is a theoretical try moving in that direction.

Keywords: speech meaning , cognition , information processing , process of construction

目　　录

第一章　话语意义的内涵及其研究的意义

1.1　话语意义的内涵

语言是一种符号结构系统，言语交际是语言的实际使用。语言在具体的交际过程中可能表达很多的意义。比如语句“今天星期天”从语言的层面上看，只是个抽象句子，仅有抽象的语言结构意义，没有具体的交际意义。在具体的言语交际中，“今天星期天”可以出现在不同的交际环境之中，表达不同的交际意义。

(1)（某星期天，甲、乙两人的对话）

甲：今天星期几?

乙：今天星期天。

例(1)的交际环境中，“今天星期天”的意思是：对话时刻的这一天是星期天（每周的第一天)。

(2)（甲和乙通电话）

甲：在家啊？没上班？

乙：今天星期天。

在例(2)的语境中，乙的意思是：我今天不用去上班/今天休息。

(3) 孩子的父亲答应孩子星期天带她去动物园。到了星期天的早上，孩子对父亲说：“今天星期天。”

例(3)中孩子说出的“今天星期天”所要表达的真正意思是：今天要带我去动物园。

上述三个例子是说一个语言的句子在不同的言语交际环境中表达不同的意思，下面的两个例子相反，同样的意思用了不同的语言句子去表达。

（4）甲：晚上一起吃饭吧？

乙：不行。

（5）甲：晚上一起吃饭吧？

乙：明天我有考试。

从一般的意义上人们会说上述两个例子的意义相同，都表示对邀请的拒绝，只是拒绝的方式有差异：例(4)直白，例(5)委婉。其实所谓意义相同，不过是着眼于言语交际行为的目的。然而目的并不就是言语交际意义的全部，例(4)和例(5)在拒绝方式上的不同意味着它们具有社会文化意义方面的差异。因此，应该说上述两个言语交际的例子目的相同，但言语交际意义有别。

研究者很早就注意到了言语交际中的这种现象。传统语言学笼统地谈论意义，把上述例子中共同的东西当做意义，差别的部分当做效果。现代语言学，尤其是语用学的兴起，试图给上述言语交际中的意义作出全新的解释和定位。在语用学理论中，那些看起来和语言句子意义相同的意义叫做“字面意义”，如例(1)和例(4)；而看起来和语言句子不同的意义叫做“言外之意”①，如上述例(2)、(3)、(5)。英国语言哲学家格莱斯（H. P. Grice）把前者叫“常规意义”，后者叫“非常规意义”。他认为常规意义是没有意图的意义，非常规意义是含有说话人意图的意义，故而也称做“会话含义”②。后来的研究者基本上采取了和格莱斯相同的看法，只是在表述上略有差异。将言语交际意义作这样的区分无疑是强调了“言外之意”（或“会话含义”）的重要，从而引起了研究者的广泛注意。

不过，“字面意义”和“言外之意”的区分也带来了新的问题：

首先，如果按格莱斯的说法，以是否具有交际意图做标准来区分两种意义，那么就必须承认言语交际中有“无意图”的交际，除非能给“意图”作一个全新的解释，否则这种划分将把使用“字面意义”或

① “字面意义”和“言外之意”是语用学经常使用的术语，指言语交际行为中出现的语句意义和由此推断出的意义。参阅：何自然．语用学概论．长沙：湖南教育出版社，1988

② 姜望琪．当代语用学．北京：北京大学出版社，2003．58

"常规意义"进行的言语交际行为排除在有目的的交际行为之外，但显然无目的的交际行为是不存在的。

其次，人们专注于"言外之意"（或"会话含义"）的理解研究，忽视了"字面意义"，以为它是自然发生的，仅仅从语言结构方面加以解释就够了。这实在是一种误解。

再次，混淆了交际目的和交际意义这两个概念，常常将交际目的等同于交际意义，因此，在分析中满足于对交际目的的"推导"，忽视了对真正的交际意义的分析。

最后，"字面意义"和"言外之意"（或"会话含义"）的区分割裂了交际意义的整体性，在交际意义理解的研究中，没有一个统一的理论框架说明这两种意义。

英国日常语言学派的哲学家奥斯汀（J. L. Austin，1911～1960）认为，说话就是完成一种行为①。作为人的一种行为，言语交际就是传达"意思"，无论这种传达是以什么具体方式进行的。站在当代认知心理学的立场上看，言语交际行为是信息加工的过程，不管是"字面意义"还是"会话含义"，都是主体认知加工的结果，它们是不可分割的整体。因此，我们将言语交际行为中出现的意义都叫话语意义，不再区别"字面意义"和"会话含义"。

本来，和"话语意义"差不多的，还有"言语意义"这个说法。但由于"言语"和"语言"在言语交际行为的讨论中并不像其在结构语言学研究中那样能被严格地加以区分②，所以我们还是避开"言语意义"这个说法。使用"话语意义"这个概念是想突出言语交际意义和"语言意义"的本质不同。下面是两者的差别：

（一）语言意义是语言结构系统的意义，话语意义是非语言结构系统的意义，虽然话语意义包含语言结构的意义，但本质上不是语言结构系统意义。

---

① 涂纪亮．英美语言哲学概论．北京：人民出版社，1988．343～450

② 语言和言语的区分源自于索绪尔。这种区分使语言学真正明确了自己的研究对象，导致了结构主义语言学的兴起。参阅：索绪尔．普通语言学教程．高名凯译．北京：商务印书馆，2001．28～37

（二）语言意义是一种社会的规约，对使用该语言的语言社团的人具有约束力。话语意义是个人的，只对参与特定言语交际行为的人有意义。

（三）语言意义是静态的，作为知识储存在人的长时记忆之中。话语意义是动态的，是在工作记忆中临时建构的。

（四）语言意义是通过学习得到的。话语意义不是通过学习得到的，是主体在言语交际行为中的一种创造。

很明显，上述的前两点符合瑞士语言学家索绪尔（Ferdinand de Saussure，1857～1913）的符号学思想①，后面的两点则是从心理学的视角出发得到的认识。我们认为，赋予话语意义心理学（特别是认知心理学）的内涵，即把话语意义视为言语交际主体的认知结果，才能将话语意义的研究真正推进到一个全新的高度上来。

1.2 相关理论方法的回顾与本书研究的问题

话语意义的研究在学术界很早就开始了，语言学、哲学、心理学都有比较多的研究成果，尽管这些研究不是在“话语意义”这样的名目下进行的，但毕竟为继续进行话语意义的研究奠定了比较坚实的理论基础。在本书的第二章我们将认真地评述这些理论成果。这里我们先就心理语言学，包括认知语言学关于言语理解方面的研究作个大致的说明，虽然这些研究和我们的论题并没有直接的关联，但从方法论的角度看，这些研究对我们将要进行的话语意义建构研究具有重要意义。

1.2.1 语言理解研究

心理语言学集中研究语言理解问题开始于20世纪60年代。美国当代著名语言学家乔姆斯基（A. N. Chomsky，1928～ ）1957年出版了他的《句法结构》，提出了转换生成语法理论。该理论不仅在语言学界独树一帜，而且对心理学的影响极大。乔姆斯基把语言能力和语言运用分开，他致力于揭示人内在的语言能力。乔姆斯基提出了一个形式化的、完整的语言系统的理论，引起了心理语言学界的广泛注意。米勒

① 索绪尔．普通语言学教程．高名凯译．北京：商务印书馆，2001．37～39

(G. Miller) 将乔姆斯基的句法理论引进心理学，整个 20 世纪 60 年代的心理语言学研究就是在乔姆斯基的理论指导下进行的[①]，很多研究都是在试图验证乔姆斯基理论的“心理现实性”。米勒、M. Garrett, J. Fodor 和 T. Bever 此时期的研究都与这个主题相关，这个时期的语言理解研究是以句法为中心的。

乔姆斯基的语言学理论对信息加工认知心理学的产生具有积极的意义。信息加工心理学认为，人们具有一定的先天能力，运用这些能力才能使环境、时间得到加工、贮存和恢复。这就得到了乔姆斯基关于语言获得研究的佐证。他的理论对于运用现代认知心理学的观点来研究语言（包括研究支配语言使用的原则和创造与理解句子的原则）起到了积极的推动作用[②]。认知心理学将语言的理解研究作为重要的课题，其研究不仅仅局限在句子理解的层面。著名认知心理学家艾森克 (M. W. Eysenck) 和基恩 (M. T. Keane) 在他们合著的《认知心理学》(第四版) 中概括了认知心理学关于语言理解研究的主要理论[③]：

（一）句子加工。句子加工涉及句法分析与意义分配。

（二）容量有限论。根据 Juat 和 Carpenter 的容量有限理论，工作记忆的加工容量存在个体差异，这些个体差异对语言理解会有相当实质性的影响。

（三）段落加工。根据最低限要求者假说，只有少数几个推论可以自动完成，另外的策略性推论则取决于阅读者的目标。这与强调大量自动推论的结构主义观形成了对比。语义后搜索理论则给出了一个折中解释。它假定阅读者根据其目标试图构建与课文一致的意义，而且也试图解释那些课文之中的行动和事件。

（四）故事加工。根据图式理论，图式或知识的结构性信息可以帮助我们记忆故事，阅读者对课文的回忆常常还包括并没有出现在课文之中的图式信息，图式会影响理解和提取过程。

---

① 桂诗春．新编心理语言学．上海：上海外语教育出版社，2000．343～345

② 车文博．西方心理学史．杭州：浙江教育出版社，1998．587～588

③ M. W. 艾森克，M. T. 基恩．认知心理学．高定国，肖晓云译．上海：华东师范大学出版社，2004．547～549

围绕着汉语语言理解的问题，中国学者作了大量研究。关于句子理解方面的研究主要有桂诗春和李崴的《句子短时回述的汉英比较》(1992)，彭聃龄和刘松林的《汉语句子理解中语义分析和句法分析的关系》(1993)，鲁忠义和彭聃龄的《故事阅读中句子加工时间与理解的研究》(1996)，江新和荆其诚的《句法和语义在汉语简单句理解中的作用》(1999)，周静仪和陈少芳等的《中文阅读中主题与语意信息在句子加工中的作用》(2000) 等。关于语篇阅读理解方面的研究主要有鲁忠义的《阅读理解的过程和影响理解的因素》(1989)，《语篇阅读理解的推理机制的研究》(1999)，鲁忠义和彭聃龄的《故事图式在故事理解中加工机制的初步实验研究》(1990)，《语篇理解研究》(2003) 等。这些研究基本采用实证的方法，或运用已有的语言理解理论解释汉语的事实，或通过对汉语语言理解问题的解释验证、补充了已有的相关理论。

1.2.2 认知语言学研究

认知心理学的发展推动了语言的认知研究，在语言学领域出现了被冠以“认知语言学”的新的研究范式。认知语言学发端于 20 世纪 70 年代，一般以 1989 年在德国杜伊斯堡召开的第一次国际认知语言学会议和 1990 年出版的《认知语言学》杂志为成熟的标志。认知语言学在研究目标、理论原则和方法上都不同于以往的语言学研究，对此，文旭 (2002) 作了较为全面的概括①：

1.2.2.1 认知语言学的分析目的和研究目标

认知语言学确认语言是一种心理或认知现象。语言分析的目的不只是描写人的语言行为，而是解释引起语言行为的心理结构和心理过程，揭示语言行为背后内在的、深层的规律。它的研究目标是：寻找不能脱离形体的概念知识的经验证据，探索概念系统、身体经验与语言结构之间的关系以及语言、意义和认知的关系，发现人类认知或概念知识的实际内容，从而最终揭示人类语言的共性以及语言和认知的关系。

1.2.2.2 认知语言学的理论原则

(一) 概念语义原则。认为意义等同于概念，是心理经验的各种结

① 文旭. 认知语言学的研究目标、原则和方法. 外语教学与研究，2002 (2)

构或过程，不是可能世界的真值条件。一个表达式的意义是在说话人或听话人的大脑里激活的概念。

（二）百科语义原则。认为语言单位是进入无限知识网络的入口。对一个语言表达式的意义要进行全面的解释，要考虑意象、隐喻、心理模型以及对世界的朴素理解等。

（三）典型范畴原则。认为范畴不是由标准—属性模型定义的，也不是由必要条件和充分条件定义的。范畴是围绕典型、家族成员相似性和范畴中各成员之间的主观关系组织起来的。

（四）语法性判断的渐进原则。认为一个话语的语法性或可接受性并不是二分的，而是渐进的。

（五）语言与其他认知机制相关原则。积极吸收心理学关于人类范畴化、注意以及记忆等相关研究成果丰富自己的理论。

（六）句法的非自主性原则。句法是约定俗成的模式，并不需要自己特殊的元素和理论结构。

1.2.2.3 认知语言学的研究方法

（一）框架语义学。认知语言学家菲尔墨（C. Fillmore）引入了计算机科学家明斯基（Minsky）的框架（frame）概念。在框架语义学中，词义是用框架描写的。框架是一种概念系统、经验空间或认知结构，它表达个人或言语社团总结出来的经验并集中体现在语言表达式上。要理解词语的意义就必须具备概念结构，即语义框架的知识。

（二）认知语法。认知语法是由朗盖克（R. Langaker）提出的语言学理论。该理论认为词汇和语法形成一个连续统，其描写只包括符号结构，并且所有语法成分都是某种概念输入的结果。认知语法还认为，意义是一种心理现象，心理经验的各个方面都具有潜力作为语言表达式意义的一部分，以这种方式起作用的概念被称为“认知域”。认知域可以从详细的概念结构到高度抽象的意象图式，这些意象图式是认知结构和认知发展的基础。

（三）认知语义学。认知语义学主要是指莱柯夫（G. Lakoff）和约翰逊（M. Johnson）的语义学理论。该理论认为，概念在大脑中并不以孤立的原子单位出现，其理解要依赖由背景知识组成的语境。心智在语义结构的建构过程中具有重要的作用，并以某种方式对世界经验进行概念化。认知语义学重视范畴结构的研究方法，认为范畴有一个内部结构，称为“典型结构”。一个范畴涉及范畴成员之间的关系，范畴延伸的关系就是一个范畴中典型成员与边缘成员之间的关系。隐喻在认知语义学中具有重要的地位，被认为是对抽象概念进行范畴化的有力认知工具。隐喻的基础是意象图式，人们根据意象图式可以理解和认知更复杂的概念。

（四）句式语法。句式语法是语法分析的一种方法。该理论认为句法、语义和语用信息是同等重要的，任何一方都不能独立于其他两方起作用。

（五）心理空间理论。心理空间理论是研究自然语言意义的一种方法，由美国加州大学著名的认知语言学家福柯尼耶（G. Fauconnier）于1985年提出。该理论认为，要理解语言的组织结构就要研究人们谈话或听话时所建立起来的“域”以及人们用成分、角色、策略和关系建成的“域”。这些“域”就是心理空间。心理空间不同于语言结构，它是根据语言表达式所提供的线索在话语中建立起来的心理构造物。语言建立心理空间、心理空间之间的关系、心理空间中成分之间的关系。只要两个人从同样的语言和语言材料中建立起相似的空间结构，就可以交际。交际可以看成空间建构过程的一种结果。

认知语言学有效地整合了语言学、哲学和认知心理学的理论和方法，在对语言的解释中突出了整体主义的方法。因此，它一经产生就给语言的研究注入了新的活力，是当代语言研究中最前沿的理论范式，影响极为广泛。从20世纪90年代中期开始，中国的学者逐渐吸收了认知语言学的研究方法，展开了轰轰烈烈的认知语言学研究。2004年束定芳主编的《语言的认知研究——认知语言学论文精选》一书出版（上海外语教育出版社），该书汇集了这一时期中国学者的重要研究文章近40篇，内容涉及认知语言学理论评述、汉语的认知语言学研究、句法与词汇研究、隐喻研究、心理空间理论研究等方面。

1.2.3 问题与方法论的启示

以上对语言理解研究和认知语言学的回顾使我们得到如下启示：

认知心理学关于语言理解的研究注重句子层面的认知加工，在这样的研究中还缺少对话语意义的直接阐释。关于篇章阅读的理解研究虽然触及了话语意义建构问题，但所用材料是书面语的，而话语意义不仅是书面语的，更重要的是日常口语的问题。书面语的话语意义建构没有口语复杂，一般所说的“言外之意”这类话语意义在书面语的研究中就很少涉及。尽管从广义上说篇章理解也是话语意义建构研究的一部分，但并不是全部。作为语言研究的新范式，认知语言学关注的仍然是对语言结构的解释，研究重点在词汇和句法方面，还没有真正推进到话语意义的研究领域。

就研究方法而言，认知心理学和认知语言学有很多一致的地方，只是各自研究的重点不同。认知心理学从信息加工的角度解释语言的理解，将语言理解看成主体的认知过程，注重语言理解的内在心理过程的揭示，突出人的认知结构在语言信息加工中的作用；认知语言学则注重从人的认知结构方面对语言结构作出解释。认知心理学和认知语言学都使用了框架、图式等理论方法对语言的意义——词汇、句子和语篇的意义构成进行解释，这些方法被证明具有很强的解释力。

1.2.4　本书研究的问题

本书关于话语意义建构的研究采用了认知心理学和认知语言学的理论范式，重点研究言语交际行为中的话语意义建构。围绕这个核心，将主要讨论下面几个问题：

（一）对直接与话语意义问题相关的研究作一个整体的回顾。这些相关的研究和理论涉及语言学、哲学和心理学等方面，我们将重点讨论其中的主要观点。这些理论分别是英国牛津日常语言学派的代表奥斯汀（John Langshaw Austin）和美国语言哲学家塞尔（J. R. Searle，1932～ ）的言语行为理论，格莱斯（Herbert Parl Grice）的会话含义理论、法国巴黎大学的斯波珀（D. Sperber）和英国伦敦大学的威尔逊（D. Wilson）的关联理论。这些理论与我们的论题关系较为密切。通过这样的理论回顾，我们大致可以把握关于话语意义研究的整体状况以及相关理论的演进。这些理论将构成我们进一步研究的基础。

（二）讨论话语意义建构的性质。以往的研究并没有认真讨论过话语意义的性质，所以在对话语意义的解释上很笼统。我们认为，要解决话语意义的建构问题，首先应该对“话语意义是什么”给出一个解释。本文把话语意义分解为两个方面：交际意图和衍生意义。话语意义是围绕交际意图建构的。话语意义的表达是交际意图的标识过程，话语意义的理解是寻求交际意图的过程。话语意义是主体的认知在交际的过程中建构出来的。

（三）话语意义是在言语交际主体的认知过程中出现的，从认知心理学的角度讨论话语意义建构必然涉及话语意义建构的相关认知要素、认知策略（选择原则）和实现的途径。这些与主体认知加工相关的元素都应视为储存在人的长时记忆结构中的知识并且是通过学习获得的。话语意义的建构与这些知识密切相关，它们是建构话语意义的重要方面。

（四）描述话语意义建构的心理过程。在这里，我们试图揭示言语交际如何以交际意图为核心重组认知背景中的知识，从而导致了话语意义的出现。显然，这样的描述是动态的，也是相对抽象的，我们希望通过这种描述能对话语意义的建构过程有一个宏观上的把握。

应该特殊说明的是，本书在论述话语意义建构问题时不涉及一般意义上的语言理解问题，如词和句子的理解。词和句子理解的研究主要是关于结构方面的，虽然话语意义的建构一定与话语形式结构的理解有关，但在我们的讨论中，我们是假定了参与交际的人都能正确理解话语形式结构。除此之外，还有一个语篇理解的问题。这方面的研究与我们的讨论有一点关联，但不是我们研究的重点，故也不作更多的涉及。

1.3 话语意义研究的价值

语言是人最基本、也是最重要的交际工具，言语交际行为是语言价值的具体实现。言语交际是人的一种基本行为，行为的核心就是表现现实的意义。德国哲学家卡西尔（Ernst Cassirer，1874～1945）说过：“符号化的思维和符号化的行为是人类生活中最富于代表性的特征。”[①]

① 卡西尔．人论．甘阳译．上海：上海译文出版社，1985．35

言语交际是人最基本的符号化行为，它体现了人的存在。要了解人，当然要对人如何使用语言进行交际（即建构话语意义）作出解释。正因为如此，话语意义的研究已经成为语言学、哲学和心理学的重要研究课题，只是研究的角度各有不同：语言学从语言结构出发讨论语言运用的效果并反观语言结构的特征；哲学致力于语言和现实的关系，澄清语言在表达现实时可能的误用；心理学力图揭示话语意义的心理过程，即主体如何在心理建构和理解话语意义。

随着学术的发展，话语意义研究的地位日益突显出来。现代语言学的进展表明，缺少对话语意义解释的理论不是充分的语言学理论。哲学研究中的“语言学转向”将语言问题推到了哲学研究的中心，尤其是日常语言学派的哲学家，他们都将研究的重点放在言语交际中的意义问题上，对话语意义问题研究得最多，贡献也最大。在语言哲学家看来，哲学的基本问题和语言相关，因此，缺少对话语意义问题的解释就无法真正解决哲学的一些基本问题。心理学一直都把语言的产生和理解作为自己的重要研究课题，力求揭示言语产生和理解的心理过程。从音位（或字母）到词、句，再到语篇，心理学的研究逐步将分析的对象从语言的结构单位扩大到言语交际行为本身，话语意义是言语交际的核心，必然成为心理学关注的重点。没有对话语意义建构的心理过程作出阐释就不能算是完备的心理学。言语交际主体如何建构话语意义的问题正处在语言学、哲学和心理学等学科的交汇点上，研究话语意义建构问题对这些学科的理论发展具有重要的意义。从另一个方面看，话语意义的研究对人们的言语交际实践有直接的现实意义，有效的话语意义理论能提高人们的言语交际质量，使人们的言语交际行为效率更高。

1.4　本书的研究方法

本书将集中讨论话语意义的建构问题。“建构”（construct）一词容易使人想到“表达”这个常用的说法，它一般是指说话人用话语形式将要表现的意义表达出来，是一种主动的行为。然而，话语的理解并非就是听话人的被动行为，它是听话人从接受到的话语形式中主动理解出话语意义。言语交际经验表明：同一种话语形式，不同的人或同一个人在不同的情景下会理解出不同的意义。可见，话语意义对于听话人来说，也不是简单的信息“输入”，而是由听话者建构的。本书用“建构”一词，就是意图概括言语交际行为中话语意义的表达和理解这两个方面。

一般认为，言语的表达和理解是个逆向的心理过程。认知心理学家指出，言语产生是指人们将自己头脑中的思想用语言表达出来，它是从句子的深层结构到表层结构的过程。而言语理解和言语产生相反，它被看成是一种建构言语意义的过程，是由句子的表层结构到深层结构的一系列相继的信息加工过程①。如果我们接受对言语表达和理解的这种基本看法，那么用“话语意义的建构”来说明话语意义的表达和言语理解中共同的规律应该是可行的。本书的讨论就是围绕着“话语意义的建构”这一中心展开的。正如前述，话语意义的研究与语言学、哲学、心理学、认知科学等学科相关，不同的学科都有不同的研究范式。我们将主要从认知心理学的角度对该主题加以讨论，力图对话语意义的理论建构给出一个认知心理学方面的解析。选择认知心理学的角度并不仅仅出于学术兴趣，从根本上说是由我们要研究的问题设定的。话语意义的建构是内在于人的心理的生成物，要揭示它的规律，必然要从心理学的方面去考虑问题。站在学术发展的立场上看，关于话语意义的研究，由语言学、哲学到认知心理学应该是它内在逻辑发展的必然。

选择认知心理学的角度并不意味着排斥其他的研究视角，恰恰相反，为了对话语意义的建构作出相对充分的说明，在讨论中我们将尽可能地借鉴各学科的分析方法及研究成果，把不同学科的理论整合到我们的研究中来。这样做符合学术研究的普遍精神：以问题为核心，而不是以理论观念和研究方法为核心。本着这样的精神，我们的讨论主要用认知心理学的理论方法阐述话语意义建构的过程，同时充分吸收语言学、哲学等学科的相关研究成果。阅读认知心理学的文献，我们会面对大量的实证研究，不过目前我们很难找到直接的实证研究指向我们要讨论的话语意义建构问题。解决这个问题有两种办法：一是设计合适的实验研

① 车文博．西方心理学史．杭州：浙江教育出版社，1998．610～612

究方案以求给出实证的说明；二是从现有的实验研究和理论出发，从理论上加以阐述。限于学术能力和条件，本书选择了后者，尽管这样做会使我们的讨论从一开始就带有理论的假定性，但这种理论假定还是需要的，它会给进一步的实证研究提供基础和方向。

涉及语言问题的研究，无论采取什么样的研究方法，都有一个如何收集语言事实材料方面的问题。只有语言事实材料具有真实性，才能保证分析结果的可靠性。本书所选择的语言事实材料多数是对口语交际行为的书面记录，少数是书面语材料。但无论是哪一种来源的材料，都是说汉语的人能够接受和认同的。这些语言事实材料本身构成了本书的重要部分，本书关于话语意义建构的研究正是建立在对这些语言事实材料充分观察的基础之上的。

第二章 话语意义研究的理论演进

"话语意义"是本书给出的一个概念，它是指在言语交际行为中出现的意义，包括所谓的"字面意义"和"言外之意"。话语意义是在言语交际行为中出现的，言语交际问题的核心就是话语意义。因此，无论什么样的研究者，为了什么目的，只要涉及言语交际问题，就必然会对话语意义作出不同程度的理论阐释。不过，我们下面将要回顾的这些有关话语意义研究的各种理论其实并不是在"话语意义"这一名目下进行的，而是分别在语言学、哲学等相关领域内发展起来的。虽然这些研究的研究角度不同，但都不同程度地涉及了话语意义的研究范围。本书将这些研究归到话语意义研究的范畴之内，除了考虑叙述的方便之外，还想通过这样的做法使我们能看出关于话语意义研究理论发展的大致状况。

2.1 结构语言学的话语意义研究

语言学史倾向于把语言学研究从大的方面分为两个时期：传统语言学和现代语言学。一般来说，以1916年编辑出版的、体现索绪尔语言学思想的《普通语言学教程》一书为分界线，以前的统称为传统语言学，后来的是现代语言学，索绪尔被誉为"现代语言学之父"。从总体上看，无论是传统语言学还是现代语言学，都主要关注语言结构的研究，即语音、词汇（或语义）和语法。语言结构研究的重点是语言系统本身，对人们如何使用语言进行有效的交际关注不够。尤其是结构主义语言学，更把语言结构作为研究的中心，强调语言的结构形式层面，对语言的运用并不感兴趣。然而，语言毕竟是人的交际工具，语言能用于人的社会交际是语言存在的前提条件。语言存在于现实的言语交际之中，对语言的分析无法避开现实的言语交际现象。因此，即使是以语言结构为重点的语言研究也在不同目的和不同角度上涉及了话语意义的问题。

2.1.1 修辞学框架内的话语意义研究

传统语言学有修辞的研究领域，在该领域中研究语言的运用，主要是关于语言表达效果的研究。我们可以从一些学者关于修辞的解说中看出修辞学关注的主要目标。陈望道认为①：

修辞不过是调整语辞使达意传情能够适切的一种努力。

王希杰在对前人的修辞概念进行了考察之后指出②：

应当分清三个不同的概念：修辞活动、修辞和修辞学。

所谓修辞活动，也就是交际活动，就是运用语言表达思想感情的一种活动。

修辞活动中的规律，即提高语言表达效果的规律，就是我们所说的修辞。

所谓修辞学，就是研究提高语言表达效果的规律的科学。

王希杰的著作出版于 1983 年，较之陈望道对修辞概念的认识精细了许多，但他们对修辞的基本看法并没有什么不同，都是强调语言的表达效果。追求语言表达效果，就是要考虑在言语交际中如何将某种要表现的“思想”或“情感”以最“适切”的方式表达出来。换句话说，修辞的核心是如何更好地处理“意义”的问题。因此，修辞学在对各种修辞手法的解释中，无可避免地涉及了与话语意义建构相关的一些现象。

话语意义在交际中不仅仅是话语形式的意义，而且与人的知识背景、交际环境等方面也不无关系。修辞学在解释一些修辞手法时，强调了人的知识背景、交际环境和表达之间的联系。从我们要讨论的问题出发，站在当代认知语用学的角度，重新检讨一下传统修辞学的研究将是一件很有意义的工作。下面我们通过对几个普遍的修辞现象的研究讨论一下修辞学可能为话语意义的研究提供些什么。

① 陈望道. 修辞学发凡. 上海：上海教育出版社，1976. 3

② 王希杰. 汉语修辞学. 北京：北京出版社，1983. 5～6

2.1.1.1 比喻研究

比喻被视为一种常见的修辞手段，通常被解释为：用甲事物说明乙事物。乙事物是要表现的东西，称为本体；甲事物是用来表现的东西，称为喻体。本体和喻体的连接是通过联想实现的，比喻所传达的意义是在本体和喻体的连接中出现的。如：

(1) 夕阳把草原映得更加光辉灿烂。总司令那稳健的身躯，有如一棵青松，在阳光的照耀下，显得更加巍然高大。

例(1)中关于“总司令”的描述是通过将他和青松连接起来实现的。对比喻的理解至少需要具备两个条件：

(一) 主体具有关于喻体的知识，这是预先就储存在人的记忆结构中的。

(二) 主体能将喻体和要表现的本体连接起来，这种连接是在特定的交际情境中发生的，受情境的制约。

客观上，关于比喻的研究已经揭示了用比喻表达的话语意义构成的一些方面，它关于本体和喻体的区分和联想的观念为进一步揭示比喻的话语意义提供了很好的基础。但是由于研究目的和方法的局限，传统修辞学并没有进一步去阐释这种话语意义的建构问题。

2.1.1.2 借代研究

修辞学对借代的解释是：用甲事物代替乙事物。具体说，有部分代替整体的，整体代替部分的，具体代替抽象的，抽象代替具体的等等。如：

(2)“老栓，你有些不舒服么？——你生病么？”一个花白胡子的人说……花白胡子便取消了自己的话。

(3) 咱们既然在此地驻扎，就不许他们在这一带动百姓的一草一木。

例(2)中的后一个“花白胡子”能指一个具体的人，是因为前一句提供了一个知识“有一个花白胡子的人”，在这个知识图式中，突显“花白胡子”可以激活整体知识图式，于是才有这样的表达。例(3)是利用了逻辑蕴涵的方式。在逻辑结构中，概念是有不同层次的，上位概念包含下位概念，下位概念蕴涵上位概念。假定有概念 A 和 B，如果 A

包含B，那么B蕴涵A。在言语交际中，如果交际双方的认知背景中具有这种逻辑结构知识，就能从“一草一木”这个具体的概念必然推出“财物”或“任何东西”这些抽象的意思，因为前者蕴涵后者。借代存在的前提条件是：

（一）必须具有关于事物整体的知识。

（二）有关于事物之间可能具有的概念结构、因果联系等方面的知识。

（三）这些知识预先储存在人的记忆结构中。

运用借代的表达方式就是使人通过说出的部分（甲事物），推想到没有被说出的、说话者真正想说的部分（乙事物）。当然，这是在某种交际情景中才能被激活、实现出来的。借代的研究把被表现者和表现者置于人对事物的整体及相对固定的联系的框架之内，话语意义的表达和理解离不开这种框架。很明显，这些研究为后来从认知图式等方面解释话语意义的建构提供了借鉴。

2.1.1.3　委婉研究

委婉和比喻、借代的不同，主要是从言语交际策略方面加以考虑的。修辞学对委婉的解释是：为了某种交际目的和效果，“说话时不直白本意，只用委屈含蓄的话来烘托暗示”①。例如：

（4）凤姐儿低了半日头，说道：“这个就没法儿了。你也该将一应的后事给他料理料理，冲一冲也好。”尤氏道：“我也暗暗叫人预备了。就是那件东西不得好木头，且慢慢的办着呢。”

例子中的“木头”婉指“棺材”。能有这样的意义是因为：① 棺材通常是木头制成的；② 上文有“后事”，就是死后的葬礼；③ 具体的交际情境。这三点（当然可能不止这些）都是言语交际双方所能认知到的，所以例(4)的表达才有效。委婉的表达至少考虑到了言语交际的如下因素：

第一，主体的状况。主要是听话人的状况，包括年龄、性别和职业等；

① 陈望道．修辞学发凡．上海：上海教育出版社，1976．135

第二，社会文化的制约因素，包括礼仪、风俗等；

第三，具体的交际情景。

这三个因素不仅决定了话语形式的策略性选择，其实也决定了委婉的话语意义。修辞学关于委婉的研究虽然没能从话语意义建构的角度谈论问题，但也应该看到，围绕委婉的研究所提出的导致委婉出现的一些因素，为理解话语意义的建构提供了很有价值的材料。

2.1.1.4 比拟研究

比拟"就是运用联想，把甲事物当做乙事物来描写"①。如：

（5）你？你有本事啦！你尾巴翘上了天。

（6）多少万年以来，祁连山是悄悄地成长了，壮大了。它默默地创造着岩石、飞泉、冰川和雪线；创造着森林、草场和花朵。

例(5)是把人当做动物来写的，传达着"你骄傲自大了"之类的意思，是比拟中的"拟物"；例(6)是把山当做人来写的，传达的是"祁连山的形成变化以及它对环境的作用"等意思，这是比拟中的"拟人"手法。一般认为，"比拟能够赋予人或物以具体形象，给人以生动活泼的感觉，表达作者鲜明爱憎的感情"②。从现代认知语言学的角度上看，比拟其实就是一种隐喻。最早研究隐喻现象的是亚里士多德，他将隐喻看做是一种修辞现象（比喻就是典型的隐喻）。经过哲学家柏拉图、洛克、海德格尔，尤其是法国语言学家本维尼斯特（E. Benvenist）和英国语言学家乌尔曼（S. Ullmann）的发展，到了莱考夫（Lakoff）和约翰森（Johnson）那里，隐喻"被认为是人类用语言组织其概念的不可缺少的认知工具。隐喻被定义为通过一种事物来理解另一种事物的手段"③。按照认知语言学对隐喻的理解，隐喻不是"替代"，而是人们将事物概念化的一种手段。这样一来，比拟作为隐喻，不能仅仅看成是为了表达的形象和具体，而应该视为主体建构意义的一种方式。

传统修辞学关注语言的表达，在对表达的解释上涉及了我们叫做

① 王希杰. 汉语修辞学. 北京：北京出版社，1983. 299

② 王希杰：汉语修辞学. 北京：北京出版社，1983. 299

③ 束定芳主编. 语言的认知研究——认知语言学论文精选. 上海：上海外语教育出版社，2004. 430

“话语意义”的很多方面。除了上面集中讨论到的以外，还有诸如风格、情感色彩等方面的研究也都与话语意义的建构相关。但遗憾的是，由于传统修辞学的研究目标、理论的出发点以及方法上的局限，使其研究仅仅止于言语交际的技巧和效果层面，没有进一步去探讨话语意义构成的本质。

传统修辞学的理论目标是研究提高语言表达效果的规律。该目标建立在这样的理论假设基础之上：要表达的意义是事先已经明确的东西，表达就是用某种合适的语言形式将事先已经明确的意义说出来。换句话说，话语意义不是在言语交际中建立的，而是在交际之前就存在了，修辞就是要保证用恰当的语言形式将这些预先存在的“意义”表现出来。从方法论的角度看，这样观察言语交际行为中的意义是静态的，把言语交际中的意义当成一个不变的东西。

传统修辞学的这些理论出发点既在理论上陷入困境，又不符合人们言语交际行为的实际。在理论上它没有说明预先存在的“意义”是什么，以什么方式存在；在实践上也没有充分揭示出为什么不同的人在同一个言语交际情景中对同一种表达会有不同的理解。因此，尽管传统修辞学在语言表达的研究方面作出了很大的成绩，但并没有对话语意义的研究作出理论上的贡献。站在认知心理学的角度上看，话语意义不是个“先在”的东西，也不是静态的存在。诚如修辞学已经看到的，话语意义既与人们的知识背景有关，又与言语交际的情景有关。实际上，话语意义是动态的，是在各种认知背景知识的连接过程中出现的。对话语意义的研究应该而且必须从人的认知角度加以考虑。

2.1.2　语法学框架内的话语意义研究

语法学主要研究语言单位的组合规则，属于语言结构的研究，一般不涉及言语交际问题。但现实的语言毕竟是在言语交际中存在的，所以在负责任的语法研究中必然会涉及与言语交际相关的问题。语法研究中直接和言语交际行为有关的部分主要是关于句子的阐释，因为通常都将句子看做是交际的基本单位。

语法研究中常常将句子分为两种：句型和句类。前者从句子的结构出发，将句子分为不同的结构类型；后者则与句子的表现功能有关。关于句类，语法界有不同的看法：一种意见认为句类是语气的分类；另一种意见认为除了语气之外还要考虑句子的用途；第三种看法认为句类就是句子表述功能的分类。第一种看法只考虑了句子的外部形式，第二种看法加进了句子的用途（其实就是功能），而最后一种看法仅从句子的功能着眼。分法不同，但所分出来的结果却基本相同，均把句子主要分为陈述句、疑问句、祈使句和感叹句四类。造成这种现象的原因其实很简单：就是在划分句类时无论如何标榜，都无法回避句子的用途，即"表述功能"[①]。陈述句、疑问句、祈使句和感叹句，只有从表述功能的角度才能加以说明，而表述功能就和我们说的"话语意义"相关。

句子作为言语交际的基本单位，对它的研究除了结构之外还有关于交际目的上的考虑。言语交际行为总得有个目的，即为什么要说出某些话。陈述、疑问、祈使和感叹就是言语交际行为的目的。抱有理想主义态度的语法研究者（这样的人总是不少）试图在句子的交际功能和句子的结构形式上找出对应的关系，这从目前的句类命名中就可以看得出来：陈述句"、"疑问句"之类的名称中，前一部分"陈述"、"疑问"等是关于交际目的或功能的，"句"则是关于结构的。然而，句子的结构和交际功能不总是一一对应的，下面这个具体的言语交际实例反映了这种关系的复杂性：

(7) 甲：你带着钱吗？

乙：要多少？给。(拿出钱给甲)

从句子的形式上看，甲使用的是疑问句，但在这个特定的言语交际环境中，表现的却是一种"祈使"功能——请求对方借钱给他。乙虽然听到的是一个疑问句，却正确地理解了甲的交际目的。

类似例(7)这样的言语交际现象并不是目前的"句类"概念所能解决的，或者进一步说，是语法不能解决的。对这种言语交际现象的分析，应该从人们的言语交际行为入手。而当人们把语言结构的研究推进到言语交际行为中去的时候，就一定要考虑言语交际目的的问题。言语交际的目的就是传达交际主体的意图，这应该成为话语意义的一部分。

---

① 唐漱石主编．语法修辞讲话．长春：吉林大学出版社，1986．152

从这个角度说，语法学界关于句类问题的研究客观上涉及了有关话语意义的东西，只是这种研究由于受到结构研究方面的缠绕，没有真正从言语交际的角度进行正面的、独立的深入考察，所谈论的陈述、疑问、祈使和感叹等四个方面也过于狭窄。

2.2 语用学的话语意义研究

索绪尔认为，语言是一种符号系统[①]。按照美国哲学家、现代符号学创始人之一莫里斯（C. W. Morris，1901～1979）在《指号、语言和行为》（1946）一书中提出的观点，符号学的研究可以分成三个领域：语法学——研究符号之间的关系；语义学——研究符号和现实的关系；语用学——研究符号和使用者的关系[②]。研究语言和语言使用者的关系就是研究人如何使用语言表现意义。由于语用学直接和人们的言语交际实践密切相关，而且它揭示了很多语言的结构研究不太关注的问题，因此在语言的研究中语用学日益成为人们关注的焦点。

其实，语用学真正的发展得益于哲学研究。哲学研究历来关注语言问题，从亚里士多德、柏拉图到经验主义哲学家洛克，都对语言问题的研究作出过卓越的贡献[③]。不过，哲学家真正将语言作为哲学的中心问题加以讨论则是在20世纪哲学界发生“语言学转向”之后。语言哲学家认为，语言不只是表达思想和交流知识的手段，而且就是哲学研究的对象本身。因为他们认为哲学问题产生于哲学家们的滥用或误用语言，只要通过语言分析纠正了对语言的滥用或误用，就能促使哲学问题自然而然地得到解决[④]。不过，语言哲学家们对语言的看法并不相同。一派认为自然语言充满了模糊不清的东西，主张批判和改造自然语言，建立精密完善的理想语言或人工语言。持这种观点的哲学家致力于从逻辑的

① 索绪尔．普通语言学教程．高名凯译．北京：商务印书馆，1982

② 莫里斯．指号、语言和行为．罗兰，周易译．上海：上海人民出版社，1989

③ 关于在语言哲学之前哲学家对语言问题的研究，陈嘉映有较为精练的概括。参阅：陈嘉映．语言哲学．北京：北京大学出版社，2003

④ 涂纪亮．英美语言哲学概论．北京：人民出版社，1988．2～4

角度分析自然语言的逻辑意义，故被称为逻辑实证主义。弗雷格（G. Frege，1848～1925）、罗素（B. A. W. Russel，1872～1970）和早期维特根斯坦（L. Wittgenstein，1889～1951）等均属于逻辑实证主义。另一派哲学家认为，自然语言本身是完善的，可以充分满足使用者的不同需要，哲学的混乱是由于哲学家们违反了日常语言的用法。因此，只要按照正确用法使用日常语言，就能排除哲学混乱，不需要建立人工语言①。这一派的哲学家重视对自然语言的日常用法进行分析，故称为日常语言学派，主要的代表人物有奥斯汀、塞尔、格莱斯和后期维特根斯坦等。

虽然逻辑实证主义和日常语言学派都要分析语言的意义，但他们对意义的看法并不相同。逻辑实证主义用真值条件定义意义，他们关心的是句子的真值，认为一个语句只有能证明真假时才是有意义的。这种从逻辑出发的意义观念并不适合于分析日常言语交际的意义。在现实的言语交际行为中，很多话语并不能证明其真假，如“你去哪儿?”既不真也不假，但不能说它没有意义。与逻辑实证主义的意义观不同，日常语言学派认为语句的意义在于使用，语言只要被使用就有意义，无论是否有真假。正如分析哲学家维特根斯坦在《哲学研究》（1953）中所说的“一个词的意义是它在语言中的用法”②。话语意义是在言语交际中出现的，它由各种因素构成，其中包括语言的逻辑意义，也包括语言使用中带来的其他相关意义。逻辑实证主义对语言的分析也揭示了话语意义的一个方面，像下面我们谈到的指示与预设，都凝结着逻辑实证主义的分析成果。但对话语意义研究有最直接影响的还是日常语言学派的观点，他们的研究不仅在哲学界独树一帜，而且对语言学界有很大的影响，他们的理论成了语用学中的重要内容。以下各节我们将着重讨论日常语言学派几个重要的理论，评述他们对话语意义研究的启示与贡献。在此之前，先介绍语用学的其他几个方面的研究，包括指示问题、预设问题和语境问题。这些问题不同程度地与逻辑实证主义联系在一起，和我们要

① 涂纪亮. 英美语言哲学概论. 北京：人民出版社，1988. 5～6

② 维特根斯坦. 哲学研究. 汤潮等译. 北京：三联书店，1992. 31

讨论的话语意义建构直接相关。

2.2.1　指示、预设和语境问题研究

2.2.1.1　指示问题研究

指示（或叫指称、所指）问题是和意义问题联系在一起的。弗雷格最早提出这个问题，在《意义和所指》（1892）一书中，他提出了区分一个语言表达式的所指和它的意义的必要性。他认为，所指是一个符号指称的客观实体，意义则是对符号的解释，这个解释由特定语言的语法提供①。从语言运用的方面说，指示问题研究关心的是语言形式在言语交际中的“兑现”。我们知道，语言是抽象的符号，语言在用于具体言语交际的时候，其中的词语能和主体实际要表现的东西发生连接，使词语具体化，即指称具体的东西。语言是作为一种知识储存在人的记忆结构中的，交际中的意义则是为了一定的需要，在特定的交际环境中出现的。言语交际中的意义必须靠语言才能表现，语言只有表现交际意义才有价值，“指示”正是语言价值实现的一种途径。

语用学关于指示问题的研究主要集中在人称代词指示、时间指示和空间指示等几个方面，特别是讨论了语篇结构中的指示方式问题②。这些讨论无疑为研究话语意义建构问题提供了一个很好的思路。话语意义的建构确实有赖于“指示”，语言形式是否能“兑现”为一个现实的“值”以及如何“兑现”都会影响话语意义的建构。请看下面的例子：

(8) a. 别哭了，妈妈带你去就是了。

b. 妈妈快点儿啊。

c. 妈妈说忙，不来了。

上述三个例子中，“妈妈”这个词分别指说话者（自指）、听话者（对指）和第三者（他指）。词语的指示对象不同，或者说在言语交际中被“兑现”的“值”不同，话语的意义是不一样的。如果在言语交际中词语的指示不明，会带来话语意义的歧解。若将例(8)c改成下面的样子：

---

① 何兆熊．新编语用学概要．上海：上海外语教育出版社，2000．32

② 何自然．语用学概论．长沙：湖南教育出版社，1988

(8) d. 妈妈忙，不来了吧。

其中的“妈妈”则可以是自指、对指和他指，该话语形式就可能表现不同的话语意义。当然，现实的言语交际有具体的语境存在，发生这样的歧解并不是很多。

尽管语用学提出了“指示”的概念，但由于没有从话语意义的整体性出发考虑问题，仍然没有摆脱静态地看待话语意义的观念，因此，没有进一步以“指示”的概念为基础去阐释话语意义的建构并将“指示”概念局限在语句的理解和连接的范围之内。实际上，“指示”是一个有价值的概念，它蕴含着这样的思想：从抽象的语言到具体的话语意义是通过“指示”完成的。在具体的言语交际中，语言要能够成为话语意义的表达形式，全在于语言形式和主体要表现的具体对象在心理上实现“对接”，只有语言形式的某个成分能在心理上“指示”或“兑现”成现实中的某个具体对象，话语意义才真正能够出现①。

2.2.1.2 预设问题研究

预设在一般意义上是指运用一个语句的前提条件。如：

(9) 老张的女儿考上了大学。

例(9)的出现至少有下面的前提条件：

① 有老张这个人。

② 老张有个女儿。

事实上，人们能理解例(9)也是因为预先知道①和②。应该注意的是，不能把预设当做语句之间的关系来看待。上述①和②仅仅是例(9)的使用条件，是一种潜在的知识，而不是说例(9)和①②两个句子的关系。我们说一个语句有预设，是说它预设了某种知识，而不是另一个语句。

关于预设的研究很早就开始了②。1892 年弗雷格首先提出了预设问题，后来的罗素和斯特劳森（P. Strawson，1919～ ）也都讨论过预设。

① 关于指示在话语建构中的作用，参阅：吕明臣. 言语的建构. 社会科学战线，2000 (5)

② 对预设研究的回顾不是本书的目的。我们的概括主要采用了姜望琪的研究。参阅：姜望琪. 当代语用学. 北京：北京大学出版社，2003

这些分析哲学家的研究虽说主要是从逻辑语义的角度进行的，但他们启发并影响了后来的语言学家。1965 年乔姆斯基修改了他的转换生成语法，在其中增加了语义部分，使语义的研究日益成为语言研究的重要领域，预设就是作为语义的一个问题而加以考虑的。此时期被关注的预设可以称为“语义预设”。语义预设的研究主要有三种不同的视角，分别由乔姆斯基、菲尔墨、吉帕斯基夫妇（P. Kiparsky & C. Kiparsky）提出。

乔姆斯基在《深层结构、表层结构及语义解释》（1970）中把焦点和预设联系起来，将预设作为焦点的对立面加以考虑。按照乔姆斯基的观点，下面的对话含有相同的预设：

（10）a. 小张去上海吗？

b. 不，是小李去上海。

上例 a 句“小张”是焦点，由重音提示；b 句“小李”是焦点，由“是”标明。两句的共同预设是：有人去上海。乔姆斯基认为，焦点和预设的信息来自表层，预设是表层结构的特性。

菲尔墨是“格”语法的创始人。“格”语法强调语义关系，这样它必须解决各种“格”对词汇进入的条件问题，也就是说，要研究词汇的信息。正是基于这种考虑，菲尔墨讨论了预设问题。1969 年他发表了《各种词汇信息》和《判断动词》两篇文章，提出预设可以叫做使用词语的合适条件。词语的使用条件，按照菲尔墨的观点，是必须包含在词典里的。如“遭受”一词，《现代汉语词典》（修订本）的解释是“受到（不幸或损害）”，可以写成下面的形式：

遭受：语义特征：遭受［承受者，承受的事］

基本意义：某人承受某事

预设：承受的都是不好、消极的事。

人们在使用词语的时候确实存在着菲尔墨所说的这种预设。现在中学生中有下面这样的表达，可以印证菲尔墨的观点：

（11）他遭到了老师的表扬。

“遭到”和“遭受”是近义词，预设是一样的。使用例(11)明显带有调侃的意味，所以如此，正是因为“遭到”预设了“遭到的都是不好的事情”，而“表扬”却是“好事情”。正常的应该用“受到”或“得到”，这两个词预设“承受的是好的、积极的事”。

菲尔墨扩大了预设的范围：预设不仅仅是逻辑语义的，而且是社会文化意义上的。他关于预设的看法客观上触及了话语意义的一个构成方面，即言语交际中的话语意义具有社会文化意义的构成成分。至于菲尔墨所说的预设，究竟能否作为预设则是可以讨论的。既然如他所说，预设可以视为词语意义的一部分，那么不用预设的概念也可以解释这类意义，否则预设的概念就会过大，失去它本来的价值。

另一个对语义预设研究作出重要贡献的是吉帕斯基夫妇。他们在1970年一篇题为《事实》的文章中提出了“叙实谓词”和“非叙实谓词”的概念。他们认为，“叙实谓词”预设了有关事件是事实，“非叙实谓词”则没有这种预设。如：

(12) 我后悔爱上你。

“后悔”是叙实谓词，预设了“爱上你”是个事实。“叙实谓词”和“非叙实谓词”的概念可以说是揭示了话语意义构成的某个方面——“已然”和“非已然”因素。不过，和菲尔墨一样，“叙实”和“非叙实”作为词语意义的一个方面比作为预设更好一些。

语用学研究的上述努力推进了人们关于语义预设的研究，尤其是关于词语合适性的观念引发了研究者去揭示预设触发语。预设触发语是指能引发预设的词和结构。预设触发语是从语言结构形式方面研究预设的一种努力。列文森（S. C. Levison）在前人研究的基础上概括了十三种预设触发语。从话语意义建构的角度看，预设触发语是一种手段。作为话语形式的构成要素，预设触发语激活了言语交际主体认知背景中的某些知识要素，这些要素参与了话语意义的建构。

预设研究中，和语义预设不同的还有一种“语用预设”的观点。最先提出语用预设的是基南（E. E. keenan）。1971年他在《自然语言的两种预设》一文中提出了两种预设：一种叫“逻辑预设”，指句子间的逻辑关系；另一种可以看做是话语和使用语境之间的关系，或恰当使用一句话所必须满足的条件。如下例：

(13) 你不能快点儿啊？

这是用疑问句形式表现的祈使意图，含有责怪、催促等意思。按照基南的观点，这句话的语用预设是：听话人是孩子，或者是年龄和地位低于说话人的人，或者是和说话人关系密切的人。

从语用的方面解释预设，就是充分考虑到言语交际的情景以及交际双方的社会文化方面的特征。当然，在言语交际中情景和社会文化并非总是语用预设。盖士达（G. Gazdar）把含义和预设分成潜在的和实际的两种。他认为，一个句子会有一些潜在的含义和预设，但只有满足话语语境的部分才实际上成为该话语的含义和预设。语境被视为某种“取消机制”，它决定哪些潜在预设会成为实际预设。这种看待预设的观念是动态的，将预设视为随语境不同而变化的东西。换句话说，预设是在不同的言语交际情境中建构出来的。预设是话语意义的构成部分，动态的预设观念事实上揭示了话语意义的动态建构特点。

语用预设不同于语义预设，它是指向言语交际主体或交际环境的预设，而语义预设是指向命题或词语本身的预设。语义预设是某种结构性的，语用预设是交际性的。一个语句无论出现在什么地方，语义预设总是存在，预设的东西没有差别，但语用预设会随着言语交际的环境而改变。

无论是语义预设还是语用预设的研究，都给我们揭示了这样一个事实：在言语交际中，语句不是孤立地出现的，而是伴随着与其相关的知识。或者说，某一语句的出现是因为有相关知识的支撑，离开了这些支撑，某一语句是不能存在于言语交际之中的。话语的意义不是单纯地由某一语句表达，那些支撑着该语句的知识（即预设）同样参与了话语意义的建构。

2.2.1.3　语境问题研究

语境是指言语交际的环境。从范围上看，一般认为语境主要分为三种：一是上下文语境（也叫语言语境），即对某一语句而言通常所说的“前言后语”；二是情境语境（也叫场景语境），即言语交际的具体时间、空间环境，包括具体的物质环境和这些环境所具有的性质特征；三是背景语境，包括社会文化背景和个人背景①。

① 孙维张. 汉语社会语言学. 贵阳：贵州人民出版社，1991. 84～85

语境是语用学特别关注的东西。语用学研究的主题是语言的运用，即言语交际问题。言语交际总是在一定的交际环境中发生，只有在特定的交际环境中才会有语言的运用，语境不仅从根本上决定了言语交际的可能和价值，而且决定了话语的形式和意义。因此，揭示语境和话语之间的关系就成了语用学一个极为重要的课题，语用学的各个研究领域都离不开对语境的讨论。

语境决定了话语的意义，这是语用学家的共识，但问题是语境如何决定了话语的意义？关于这一点，不同的研究者有不同的看法。这些不同的看法集中在一个主要的问题上，即语境是静态的还是动态的。在斯波珀和威尔逊之前，人们对语境基本上持静态的观点，认为语境是一个客观给定的东西，这个给定的语境对言语交际的双方都是一样的，言语交际就是在这种给定的语境状态下进行的，语境决定了话语的形式和意义①。斯波珀和威尔逊从关联性的角度出发，认为语境不是给定的，而是择定的。语境是心理的产物，是听话者对世界的一系列假定中的一组。不是先有语境，再根据语境去判断一种信息的关联性，相反，先给定的是关联性。人们先假定正在处理的信息是有关联的，然后设法选择一种能够使其关联性最大化的语境②。抛开关联理论不说，斯波珀和威尔逊这种对语境的看法颇具启发性：

首先，语境的择定性意味着语境是动态的。语境不是外在强加给言语交际主体的东西，而是主体的自身选择，语境随着交际主体的不同选择变化着，没有一成不变的语境。

其次，语境的择定性还意味着语境是主观的。虽然人们常说言语交际一定发生在特定的时空环境之中，这种时空环境当然是一种客观的存在。然而，对言语交际的主体来说，如果他们没有认识到当下存在的时空环境对于他们当下的言语交际所具有的作用时，这些客观存在的环境并不能成为影响他们言语交际的语境。只有言语交际主体认知到交际环

① 蔡芸．语境与意义推导．现代外语研究，1997（1）

② 斯波珀，威尔逊．关联性：交际与认知（日文版）．内田聖二译．日本国研究社出版，1999

境对于他的言语交际所具有的意义时，这些看起来客观的环境才成为语境。

人们一般都说语境决定了话语的意义，但这样的说法只有建立在语境是主观的和动态的这一认识基础上才是正确的。在言语交际中，主体认知到的语境并非全部都成为决定话语意义的因素，对某个特定的言语交际行为来说，人们所能调动的语境因素只能是其中的一部分。换句话说，言语交际行为中，人们只能调动与话语意义的建构有关的那部分语境。语境是为话语意义的建构而被言语交际行为主体认知到的。

2.2.2　言语行为理论[①]

言语行为理论是解释话语意义的重要理论之一。该理论的创始人是英国牛津大学语言哲学家奥斯汀。1952 年奥斯汀在牛津大学讲授“言与行”的课程，1955 年他应邀到美国哈佛大学作讲座，将题目改变为“怎样用词做事”，使他的思想进一步为人们所关注，其影响不限于哲学界，言语行为理论也成为语用学的重要研究理论。奥斯汀的学生、语言哲学家塞尔继承并发展了奥斯汀的思想，1969 年他出版了《言语行为——一篇语言哲学论文》，此后“言语行为理论”正式成为这个理论的名称。

2.2.2.1　言语行为三分说

奥斯汀是日常语言学派的哲学家，他不满意逻辑实证主义学家将语句的意义等同于“真值”的做法，认为那最多只能解释“言之所述”，而无法解释言语交际中普遍的“言之所为”和“言之后果”。奥斯汀认为：“语言的功能首先是被用于完成言语行为，言语行为既体现了表明语言和经验世界的关系的意义，又体现了认识的活动。”[②]“意义或用法包含在言语行为之中。”[③] 奥斯汀很早就发现，有些包含他称之为“程式用语”[④] 的语句，在合适的条件下，就是实施某种行为。如：

---

① 对言语行为理论的概述主要根据姜望琪的研究。参阅：姜望琪．当代语用学．北京：北京大学出版社，2003

② 涂纪亮．英美语言哲学概论．北京：人民出版社，1988．350～351

③ 涂纪亮．英美语言哲学概论．北京：人民出版社，1988．350～351

④ 姜望琪．当代语用学．北京：北京大学出版社，2003．31

(14) 我宣布第十九届春季运动会开幕。

“我宣布”是程式用语，例(14)实际完成了一种行为：说出该句，运动会就开幕了。在《怎样用词做事》(1962) 中，奥斯汀将上述这类语句称为“施为句”，并作出如下概括：

第一，施为句不“描述”或“报道”或断言任何东西，不存在真假。

第二，说出这样一句话，就是实施一种行为，或实施一种行为的一部分。

奥斯汀认为，施为句虽然没有真假，但仍需满足一些条件，否则就起不到实施行为的作用。这些条件包括：合适的程序、人员、场合及有关人的相应思想状态。像例(14)，如果没有合适的条件——运动会的程序、指定的大会宣布者和场合等，就不会说出，也没有效果。

随着研究的深入，奥斯汀发现上述条件并不普遍有效，只适合部分的施为句。有些施为句并不需要固定的程式用语，简单的叙述就可以实施一种行为。如：

(15) 你先休息，我明天八点来。

在特定的言语交际环境中，例(15)就是一个许诺的行为，可是句中并没有程式用语。由此，奥斯汀认为，在某种意义上，每个句子都可以实施行为：不仅仅局限于以前所说的施为句。为了揭示这种现象，奥斯汀进一步提出了言语行为的三分说。他认为，说出的话语，实际上同时完成了三种行为：

1. 说话行为：运用发音器官，发出特定的语音，组成特定的词和句子，这就是通常意义上的说话行为。

2. 行事语力：表达说话人意图的行为意义。

3. 取效行为：说出的话语实际产生的效果，就是话语的事后效应。

按照奥斯汀的理论，例(15)应该这样来分析：

首先，“你先休息，我明天八点来。”仅仅是“说出”一系列的音节、词和句子，本身就是单纯的说话行为。

其次，例(15)至少完成了两种行事行为：告别和许诺。它表达了说话人的说话意图。

再次，这样的话被说出，一定会产生某种效果。

在西方学术界，是奥斯汀首次将“言外之意”的现象提出来加以研究的，他的理论也由此引起了广泛的关注与讨论。讨论的焦点主要是“说话行为”和“行事行为”的区分。科恩（L. J. Cohen）认为，奥斯汀“行事语力”的概念是空的，说话行为和行事行为是很难分清的，说话行为和行事行为是一样的。塞尔同样认为说话行为和行事行为不好区分，他的解决方法是取消“说话行为”的概念，用“命题行为”代替原“说话行为”中的“表意行为”（保留与之相对的“发音行为”和“措辞行为”），这样就不至于产生误解。

尽管对奥斯汀的理论有很多的争论，但他提出的概念确实启发了人们关注话语意义的研究，尤其是关于“行事行为”的研究。奥斯汀所引起的争论也证明了这一点。对于奥斯汀的观点，斯特劳森说了一段很中肯的话①：

> 对奥斯汀的意义概念和说话行为概念尽管可以有各种疑问，就本文来说，关于它们跟行事语力概念的关系我们能够说下面的话，而且我认为我们能够清楚地说这些话，这就足够了。奥斯汀设想，一句（严肃的）话语的意义对它可能具有的语力总是有限制的。有时候，如，当人们用“我道歉”这样的明确施为程式（erplicit performation formula）时，一句话的意义可能包含了它的全部语力。这就是说，除了意义以外，可能没有剩下什么语力。但是，很多时候，意义虽然限制语力，却不会穷尽语力。同样，有时候，我们知道了所实施的话语行为后，对一句话的行事行为就没有更多的要说了。但是，很多时候，除了知道所实施的说话行为外，对一句话的行事语力还会有很多需要知道的。

斯特劳森的评价固然很中肯，但未必正确。他仍然混淆了意图和意义，从这个角度说，他并没有真正理解奥斯汀。其实，奥斯汀理论的价值在于区分了两种不同的话语意义，一个是话语的意图，一个是意义，从而揭示了话语意义的复杂性。奥斯汀的言语行为理论从一个理论框架

① 姜望琪．当代语用学．北京：北京大学出版社，2003．37

出发为解释话语意义提供了一个极有启发性的思路。无论怎么看待奥斯汀的概念区分，话语意义由意图和所谓“命题意义”构成则是不争的事实。

2.2.2.2 行事行为的分类

在奥斯汀言语行为三分说的理论中，行事行为是他研究的重点，他关心的问题是行事行为有哪些类型。集中讨论这个问题有助于我们对奥斯汀的理论有一个更深入的了解。同时，奥斯汀的后继者塞尔在对这些问题的研究中形成了他的间接言语行为理论。在我们看来，行事行为实际上就是交际意图，而交际意图是话语意义建构的核心，因此，奥斯汀和塞尔对行事行为的分类将成为我们关于交际意图观念的基础。

奥斯汀在《怎样用词做事》中提出了行事行为的五种类型：

1. 裁决型（Verdictives）。“裁决”是指陪审团、仲裁人和裁判等根据证据或推理对某些事件的性质作出裁决、判定、估量。

2. 行使职权型（Exercitives）。这种类型涉及权力的使用：决定、倡导和判决等。

3. 承诺型（Commissives）。承诺是使说话人承诺某种行为。一个人承诺，就是承担了实施承诺行为的义务。

4. 表态型（Behabitives）。跟社会行为有关，如对别人行为的反应等。

5. 阐述型（Expositives）。用阐述型动词，包括说明观点、论证和指称等。

上述分类只是奥斯汀的一个初步想法，正如他自己所说：“这些意见丝毫不能算是最后意见。”① 不过，奥斯汀的研究还是给出了一个研究的方向。为了使行事行为的分类更清晰，塞尔指出，行事行为有十二个方面的区别，其中有四个主要方面：

1. 行事要点：说话人说一句话时的意图。命令的要点是要听话人做某事的企图；描述的要点是再现某事的状态；许诺的要点是说话人承担做某事的义务。

---

① 姜望琪. 当代语用学. 北京：北京大学出版社，2003. 42

2. 词语与世界的适切方向：一种是先有事实，然后用词语去适合它，如断言；一种是先有词语，然后用行动去适合它，如许诺和要求。

3. 表达的心理状态：说话人对所说命题内容的态度。如说话人说明断言P时，表示他相信P是事实；命令、要求听话人做某事时，表示他想要听话人做该事；为某事道歉时，表示他因做了该事而后悔。

4. 命题内容：指的是指称和陈述的内容。在作为行事行为的区别标准时，塞尔主要指的是行事行为的显示手段所体现出来的不同，如报道和预测的区别是：预测是关于将来的，报道是关于过去的。

塞尔把上述标准和他曾提出的合适条件（命题内容条件、预备条件、真诚条件、必要条件）联系起来：行事要点对应必要条件，心理状态对应真诚条件，命题内容对应命题内容条件。据此，再加上词语与世界的适切方向，塞尔将行事行为分成以下五类：

1. 断言类（Assertives）。行事要点是说话人担保所说的是真实的；适切方向是词语适合世界；心理状态是相信；命题内容是可变的，取决于所断言的事实。

2. 指令类（Directives）。行事要点是要听话人做某事。适切方向是世界适合词语；心理状态是希望；命题内容是听话人将做某事，提问也可以归入此类。

3. 承诺类（Commissives）。行事要点是说话人承诺将做某事；适切方向是世界适合词语；真诚条件是意欲；命题内容是说话人将做某事。

4. 表达类（Expressives）。行事要点就是说话人的心理状态；没有适切方向，词语和世界的适合是预先设定的。

5. 宣告类（Declarations）。行事要点是要改变所提到的实体的现状；适切方向是双向的；没有真诚条件；命题内容随事件而变化。

塞尔认为，如果把行事要点作为区分语言使用的基本概念，那么就只有有限的几个方面：告诉人们各种事态；设法要人们做事；承诺自己做事；表达自己的情感与态度；用语言改变事态。塞尔的分类较之奥斯汀的更清晰一些，但基本的思路并没有改变。抓住了行事要点做分类的标准就是抓住了言语行为本质的东西，行事要点就是言语行为意图，这是言语行为的核心。传统语言学也说到诸如陈述句、疑问句、祈使句和感叹句，表面看起来和奥斯汀、塞尔相差不远，只是后者增加了一些方面。然而，实际上两者的理论出发点有根本的不同：传统语言学基本上是从语言结构形式出发的，言语行为理论则是从言语交际行为出发的。

2.2.2.3 间接言语行为

在对行事行为的研究中，塞尔发现，“一句话在语境中不用某种必要条件所需的明确的行事语力显示手段，就可以表明该必要条件已经得到满足——是许多礼貌用语的根源”[①]。如下例：

(16) a. 身上带着钱吗？

(16) b. 要多少？给你。

例(16)a是个疑问句，但实际表达的是个请求，这从例(16)b的反应中得到了证实。

塞尔将上述的言语行为叫做间接言语行为，定义为：“一种以言行事行为是通过完成另一种以言行事行为的方式间接地完成的。”[②]塞尔认为，最简单的表达意义的情况就是：说话人说一句话，他的意思就是他所说的字面意义。而在间接言语行为中，说话人的话语意义和句子意义不一致。为什么会有这种间接的言语行为呢？塞尔认为要解释这种现象，需要言语行为理论、合作会话的一般原则、说话人和听话人共享的事实背景信息和听话人的推理能力。从言语行为理论看，塞尔仍然希望用他曾经提出的“合适条件”来解释间接言语行为。塞尔指出，在间接言语行为中，增加的不是任何附加的或不同的句子意义，而是说话人意义。因此，在合适条件中，塞尔特别强调的是必要条件，即只有说话人所说的话意欲实施某种行为，这句话就可以用来实施该行为。实际上，必要条件就是交际意图，交际意图是言语行为理论的基本出发点，间接言语行为也是从交际意图的角度加以区分的。当然，交际意图不能解释言语行为的全部，正如塞尔在《言语行为》中指出的那样，说话人并不是绝对自由的，并不是想表达什么就表达什么。说话人的交际意图要受

① 姜望琪．当代语用学．北京：北京大学出版社，2003．48

② A.P.马蒂尼奇．语言哲学．牟博等译．北京：商务印书馆，1998．319

到句法、语义和语用因素的限制。也就是说，言语行为要表达说话人意图，而意图的表达受到多种因素的制约。塞尔的思想无疑开启了人们的思路，围绕着言语行为意图（或叫行事行为）探讨制约交际意图表达的各种因素及途径，就有可能接近对话语意义建构的解释。

2.2.2.4　言语行为理论对话语意义研究的价值

无论从哲学还是从语言学角度看，言语行为理论都是富有创见性的、独树一帜的。或许它还有可以进一步完善的地方，但它无疑扩展了人们的视野，开拓了研究的空间。对话语意义的研究来说，下面几点最值得提及：

第一，言语行为理论将语言的运用——言语交际看做是人的一种行为。说话就是实施一种行为，这就从根本上打破了以语言结构形式为出发点的研究传统，使人们能够真正将语言作为实际存在的状态来加以观察。话语意义不是语言结构的意义，只有将言语交际作为一种行为才能真正找到解释话语意义的途径。

第二，言语行为理论关于行事行为（即意图）的研究触及了言语交际行为最为重要的部分。言语交际作为一种行为，根本的任务就是表达说话人的某种意图，抓住意图就抓住了话语意义的核心。

第三，奥斯汀和塞尔的思想都涉及了一个关键性的、也是引起争论最多的问题，即句子意义（或命题意义、字面意义）和言外之意（或行事行为、间接言语行为）的关系问题。就整体而言，这与如何看待“意义”有关。围绕此问题的讨论可望最终解释什么是意义，什么是语言意义，什么是话语意义。交际意图是话语意义的核心，但正如塞尔所说，意图不是全部，它要受很多因素的制约。找出这些制约因素以及制约的方式将能解释话语意义的构成。

第四，言语行为理论试图揭示人们言语交际行为的规律，这和人的言语交际经验较为贴近。

2.2.3　会话含义理论①

会话含义理论是由英国牛津大学的语言哲学家格莱斯提出来的。该

① 国内介绍会话含义理论的文献很多，本文的概括主要依据姜望琪、何兆熊的研究作出。

理论以“会话含义”概念为中心，建立了解释会话含义的合作原则，讨论了会话含义的特性、种类及推导。在关于言语交际的研究中，会话含义理论具有普遍的影响，格莱斯的分析方法被许多研究者所接受。会话含义理论也是语用学重要的理论之一。

2.2.3.1 会话含义与合作原则

格莱斯是日常语言学派的哲学家，他认为自然语言是完善的，不需要用逻辑语言代替。1975年格莱斯在他的文章《逻辑与会话》中指出，逻辑中的联结词和相应的自然语言中的词语在意义上并没有差别，认为两者有差别是因为对影响会话的条件的性质和重要性没有足够的重视。格莱斯的目标就是要找出会话的一般条件。

格莱斯首先界定了会话含义的概念。言语交际中说出的语句有时有两种意义，如：

(17) 甲：现在学习不太紧张了吧？

乙：还行，没有疯掉。

假定乙是个高中学生，那么他对甲的回答就可能有两种意思：一个是不紧张；另一个是紧张得快疯了。前一个是明说的，后一个是暗含的。格莱斯把前者叫“词或句子的常规意义”，后者叫“含义”。格莱斯认为，词语的常规意义不仅决定了明说的“字面意义”，而且也决定了暗含的意义。如下例：

(18) 他是个商人，不做无利可图的事。

格莱斯认为，从真值条件语义学的角度看，只要“他是商人，他不做无利可图的事”是真的，这句话就为真。但这句话前后具有因果关系：因为他是商人，所以不做无利可图的事。可这种因果关系不是明说的，而是暗含的，与真值没有关系。这种暗含的含义，格莱斯叫做“常规含义”。除了“常规含义”外，还有“非常规含义”。非常规意义不是由词语的常规意义决定的，而是由会话的一般特征和一般规律决定的。格莱斯将这种非常规含义称为“会话含义”。

显然，格莱斯的“会话含义”概念是建立在会话的一般规律基础上的，要解释会话含义，就要说明什么是会话的一般规律。格莱斯提出的一般原则是：“使你的话语在其所发生的阶段，符合你参与的谈话所公认的目标或方向。”[①] 他把这个原则叫做“合作原则”。依据康德的哲学四范畴理论，格莱斯规定了合作原则的四个准则：

（一）数量准则：

1. 使你的话语如所要求的那样信息充分；

2. 不要使你的话语超出所要求的信息。

（二）质量准则：设法使你的话语真实。

1. 不要说自知是虚假的话；

2. 不要说缺乏足够证据的话。

（三）关联准则：说话要有关联。

（四）方式准则：说话要清晰。

1. 避免含糊不清；

2. 避免歧义；

3. 要简短，避免冗长；

4. 要有序。

格莱斯认为，合作原则及其四项准则不仅是人们事实上遵守的，而且是有理由遵守的。在这种合作原则的制约下，人们才在言语交际中努力去寻找话语的意义，会话含义只有在合作原则的基础上才能被理解。

2.2.3.2　会话含义的推导

虽然格莱斯认为遵守合作原则是合情合理的，但言语交际中仍有违反合作原则的现象。他把这些现象归纳为四种可能的方式：

（一）故意暗中违反某些准则；

（二）采取公开或暗示的方式退出合作原则及其准则；

（三）面对某种冲突，无法同时遵守某一准则而不违反另一准则；

（四）虽然有能力遵守但却公开违反某些准则。

格莱斯认为，第一种和第二种对合作原则的违反都不会导致会话含义的产生，只有第三种和第四种的违反才会产生会话含义。例如：

（19）妻子：你在哪儿呢？

丈夫：我在外面。

① 姜望琪. 当代语用学. 北京：北京大学出版社，2003. 59

妻子：和谁在一起？

丈夫：几个朋友。

例(19)中丈夫的回答违反了数量准则："哪儿"和"谁"都要求用具体的地点和人来回答，丈夫提供的信息明显少于他应该提供的东西。丈夫有能力提供足够的信息而故意不提供，便导致了会话含义的出现。因此，聪明的妻子不难明白丈夫的含义——并不想让她知道得那么具体。这种由于违反合作原则而导致会话含义出现的现象，就是会话含义的推导。格莱斯认为，会话含义是以合作原则为基础的，只有假定说话人遵守合作原则，是为实现会话的目的而努力，才会推导出会话含义。如：

(20) 甲：晚上一起吃饭吧？

乙：明天我有考试。

乙是违反关联准则的：甲的意思是邀请他一起吃饭，他的回答与邀请无关。但这只是表面现象。在这种场合，甲能正确理解出乙的意思——不能一起吃饭。这种意思之所以会出现，基础还是合作原则。在合作原则的基础上，甲从乙的话语中推导出了含义。推导过程大致如下：

① 假定乙是遵守合作原则的，那么乙的话就一定和甲的交际目的相关，是对甲发出的邀请的回应，尽管表面上不相关；

② 乙说明天有考试，按照常识，考试就要准备，准备就需要时间；

③ 吃饭也需要时间，如果乙答应去吃饭，就和准备考试发生冲突；

④ 和吃饭比起来，考试更重要，所以乙的意思是不能去吃饭。

如果按照一般逻辑的推断，我们可以将上述推导过程写成标准的逻辑表达式：

推导的前提条件：

① 如果考试，就需要准备；

② 如果准备，就需要准备时间；

③ 如果吃饭，就没有准备时间；

④ 乙要参加考试。

推导的过程：

ⅰ. 根据①和④，推出⑤：乙要准备；

ⅱ. 根据②和⑤，推出⑥：乙需要准备时间；

ⅲ. 根据③和⑤，推出：乙不去吃饭。

当然，会话含义的推导不等于逻辑的推理，它是在合作原则的基础上由诸多因素参与的推导过程，不同于逻辑上命题之间的推导关系。但是，到底会话含义是怎样被具体地推导出来的，格莱斯并没有详加讨论。他的很多后继者都致力于会话含义推导规则的研究，尤其是被称为新格莱斯主义的那些学者们。

格莱斯的会话含义理论留有一个问题：人们为什么需要会话含义？为什么不直接表达说话的意图，而要通过违反合作原则产生会话含义呢？英国著名语言学家利奇（G. N. Leech）认为，有时故意违反合作原则是出于礼貌的原因①。如例(20)，乙完全可以直接拒绝甲的邀请，可一般人不采取这种方式，觉得不礼貌。通过故意违反合作原则的说话方式让听话人自己推导出会话含义，就显得委婉而有礼貌了。言语交际的经验表明，违反合作原则有时与礼貌原则有关。所谓礼貌原则就是在其他条件相同的情况下，将不礼貌的东西减少到最低限度。关于合作原则和礼貌原则的作用和关系，利奇认为，合作原则在会话中起着调节说话人说话内容的作用，它使说话人在假设对方乐于合作的前提下能进行交际。礼貌原则具有更高一层的调节作用，它维护了交谈双方的平等地位和良好关系，只有在这个大前提下，人们才可能进行交际。如果没有"礼貌"这个大前提，根本就谈不上正常的、有效的交际。不难看出，利奇将礼貌原则和合作原则看做是言语交际的两个互相联系的原则，缺一不可。理想的言语交际就是既符合合作原则又符合礼貌原则，但这实际上是很难做到的。现实的言语交际是两个原则达到某种平衡：为了某一交际目的，强化合作原则并减弱礼貌原则或者相反。

2.2.3.3　会话含义的特点和类型

2.2.3.3.1　会话含义的特点

格莱斯认为，会话含义具有六个方面的特点：

① 利奇. 语用学. 池上嘉彦，河上誓作译. 日本国紀伊國書屋，2000

（一）可取消性。有的会话含义在某种语境中可能消失。如例(20)变成下面的例(21)，原有的含义就取消了：

(21) 甲：晚上一起吃饭吧？

乙：明天我有考试，简单点儿。

由于有了后面的话，前一句可能有的拒绝含义就消失了，话语的意思就是“接受邀请”。严格地说，这不算是会话含义的取消，实际是另外一种表达方式。真正的取消应该是下面的样子：

(22) 女人（对某个男人）说：男人都喜新厌旧，当然你是不一样的啊。

当说出前一个语句时，说话人意识到可能会出现会话含义“你也喜新厌旧”，所以加上一句，取消或阻止了会话含义产生。

（二）不可分离性。会话含义是以话语的整体意义内容作为基础的，与语句的某个结构成分无关。如：

(23) 最近有空吗？

该语句可能有的一个会话含义是“我想见你”。无论该语句结构形式换成什么，只要表达的整体意义和该语句相同，如“最近有时间吗”、“最近忙吗”等，会话含义就可能出现。

（三）不确定性。会话含义是不确定的，同一个语句在不同的语境中相对于不同的人会有不同的会话含义。我们可以想象“今天星期天”这句话在不同的情形下可能会有不同的含义：对曾经跟孩子作出承诺“星期天去公园”的父亲来说，它的含义是“带我去公园”；对一般的职员来说，它意味着“今天休息”；对丈夫来说，妻子说出这句话可能是“在家陪我”或“该你做家务”。其实，“不确定性”是说语句有带来多种会话含义的可能，具体言语交际中的会话含义是这些可能含义里的一个。

（四）非常规性。会话含义不是常规意义，它是在常规含义的基础上推导出来的。

（五）非明示性。会话含义不是明确说出的，它是话语行为的一部分。

（六）可推导性。会话含义是能够推导出来的，否则就是常规意义。

萨德克（J. Sadock）认为格莱斯所说的六个特征中只有“不可分离性”、“不确定性”和“可推导性”才值得考虑，所以他着重讨论了这三个特征。在萨德克看来，“可推导性”是个必要条件而不是充分条件。没有可推导性，就没有会话含义的产生；但能推导出来的未必就是会话含义，也许是常规含义。“不可分离性”既不是必要的，也不是充分的。“不可分离性”涉及“表达同样意思”的问题，而“同样意思”是很难界定的。萨德克认为，“可取消性”是测试会话含义的最好标准，人们可以通过改变交际的语境改变会话含义。当然，这个标准也存在问题，因为常规含义也可能被取消，故区分常规含义和会话含义也不容易。

尽管在对于如何认识会话含义特征的问题上有各种争论，但格莱斯毕竟试图揭示会话含义和其他意义的不同，这种努力是很有价值的。首先，它有助于澄清会话含义和语言结构意义的不同，避免了笼统地谈论意义。其次，对会话含义特征的描述实际上触及了会话含义和话语形式的某种关系：不可分离性意味着会话含义是由话语形式带来的，没有话语形式就无所谓会话含义；不确定性指出了话语形式带来会话含义的多种可能，强调了语境在确定会话含义中的突出作用；可推导性解释了话语形式和会话含义的连接关系。显然，格莱斯的这些观点为进一步研究话语意义的建构提供了很好的基础。

2.2.3.3.2 会话含义的类型

会话含义是个概括的说法，可以分出不同的类型。根据是否需要特殊的语境，格莱斯把会话含义分为一般会话含义和特殊会话含义，前者不需要特殊的语境，后者则需要特殊的语境。如：

(24) 我去看一个病人。

对使用汉语的交际者来说，这句话可能隐含着生病的不是“我的家人”，多半是朋友或同事。尽管“家人”也有可能是“病人”，需要探望，但此时人们宁愿直接说出探望的对象。例(24)具有的会话含义不需要特殊的语境，是一般会话含义。列文森把它叫做“默认解读”，意思是不需要特殊语境提示出相反解读时的“优先解读”。特殊会话含义是需要特殊语境的，是在特殊语境下出现的，前边举出的例子基本上都是特殊会话含义。

一般会话含义和特殊会话含义的区分以是否需要特殊语境为标准。但我们知道，如何确定是否为特殊语境并不是很清楚的。语境是主观的、动态的，也是相对的。对一个人来说不特殊的语境，对另一个人来说就可能是特殊的。因此，要清楚地分辨哪些是一般的会话含义，哪些是特殊的会话含义并不是很容易。

除了上述分类外，格莱斯还根据会话含义是否是由于违反合作原则出现的而将其分为标准会话含义和非标准会话含义。格莱斯认为，在不违反合作原则诸项准则的情况下，仍然会有会话含义的产生。如：

(25) 甲：跟我们旅游去吧！

乙：妈妈不让我去。

乙的回答是一种委婉的谢绝，可能有两种会话含义：①我不愿意去；②其实我愿意去，只是不能违反妈妈的意思。无论是哪一种会话含义，都不是通过违反合作原则得到的。这种会话含义就是标准会话含义。如果将例(25)改成下面的例(26)，虽然会有同样的会话含义，但却是通过违反合作原则得到的，是“非标准会话含义”。

(26) 甲：跟我们旅游去吧！

乙：妈妈说女孩子不安全。

乙的回答明显违反关联准则。

标准会话含义和非标准会话含义的区分也是相对的，是否违反合作原则只是个程度问题。如上面的例(25)和例(26)，乙的回答都没有采用直接的肯定或否定，而是采用了比较间接的方式。其实两例中乙的回答都是通过违反合作原则进行的，但比较起来，例(25)的违反程度比例(26)轻得多。标准会话含义、非标准会话含义与一般会话含义、特殊会话含义是从不同角度加以区分的，它们之间当然有交叉。格莱斯对会话含义的这种不同角度的划分使我们能进一步看到会话含义之间的差别，这种差别可能正是由于话语意义建构的途径不同而导致的。

2.2.3.4 新格莱斯主义

格莱斯的会话含义理论提出后，在语用学领域引起了极大的反响，尤其是他提出的合作原则及各项准则引发了人们很多的讨论。在坚持格莱斯理论视角的基础上，很多研究者对格莱斯的合作原则及会话含义的推导机制作出了修正和补充。由于这些研究仍然是在格莱斯的理论框架内进行，故而称为新格莱斯主义，其中较为著名的两个学者是霍恩（L. R. Horn）和列文森。

霍恩吸收了齐波夫（George Zipfu）和马丁内（Andre Martinet）的思想，后两者都强调言语交际中的经济原则。齐波夫试图用省力原则解释一切人类社会现象。在言语交际中，他认为有两种经济原则：一种是说话人的经济原则，以简化为目标，如不加以限制可能最终导致一切意义只用一个声音来表达；另一种是听话人经济原则，它和说话人的原则相反，要求每种意义只能有一种表达方式。马丁内认为，理解语言如何演变及为什么演变，必须记住两种相互矛盾的因素：一种是实现交际的需要，说话人要传递信息；另一种是省力原则，说话人要将自己的心理、物理能量控制在足够实现自己目标的最小程度。因此，在霍恩看来，格莱斯的会话准则及据此推导出来的会话含义主要来自这两种力量，他把格莱斯的会话准则减少为两条：Q原则和R原则。

1. Q原则是基于听话人的原则：

说的话要充分；

说得尽可能多。

下限原则诱发上限会话含义。

2. R原则是基于说话人的原则：

话语应该是必要的；

只能说必须说的。

上限原则诱发下限会话含义。

所谓“上限”和“下限”是指两个限度：下限是“至少如此”，是断言；上限是“最多如此”，是隐含，即会话含义。把断言和会话含义结合起来，就得到一个“两面解读”。

列文森强调言语交际的信息量，将格莱斯的数量准则和方式准则作了重新解释，提出了三个原则：数量原则、信息量原则和方式原则。

1. 数量原则

说话人准则：不要提供比你掌握的世界知识所允许的程度更弱的陈述，除非提供更强的陈述会与信息量原则冲突。

听话人推理：把说话人的陈述看成是与他的知识一致的最强的陈述。

2. 信息量原则

说话人准则：最小化准则。说得尽可能少，只提供实现交际目的的所需的最少语言信息（同时遵循数量原则）。

听话人推理：充实原则。通过寻找最具体解释（直到认定说话人意图所在为止）的方法扩展说话人话语的信息内容。

3. 方式原则

说话人准则：不要无端选用冗长的、晦涩的和有标记的表达式。

听话人推理：如果说话人选用了冗长的、有标记的表达式（记为 U），跟选用无标记的表达式（记为 U）的意思不一样，他是在避免 U 的定型联想和信息量含义。

新格莱斯主义主要在三个方面推进了格莱斯的理论：

第一，突出强调数量准则，这就大大简化了格莱斯合作原则的四项准则；

第二，使会话含义的推导进一步规则化，不像格莱斯那样笼统；

第三，从说话人和听话人，即表达和理解两个方面揭示会话含义的推导问题，比格莱斯只从说话人的角度谈论问题更具解释力。

第四，揭示了会话含义推导的内在心理动因：省力原则或经济原则，将会话含义的推导和人的认知联系了起来。

2.2.4 关联理论

奥斯汀、塞尔的言语行为理论和格莱斯的会话含义理论主要是从分析哲学的角度谈论言语交际行为。从 20 世纪 70 年代末、80 年代初开始，斯波珀和威尔逊逐渐把话语意义的理解研究引入了认知的轨道。关于斯波珀和威尔逊理论的意义，沈家煊总结道：斯波珀和威尔逊首次尝试将格莱斯的思想转化为一个具体的心理模式，从而为研究人类的信息交流开辟了一条新的途径。这条途径是从人类认知特点出发的①。1986 年哈佛大学出版社出版了斯波珀和威尔逊两人合写的著作《关联：交际

① 沈家煊. 讯递和认知的相关性. 外语教学与研究，1988（3）

和认知》，系统阐述了“关联理论”。该书出版后，在语言学、文学、心理学和哲学等领域产生了极大的影响。

斯波珀和威尔逊认为，语言符号的运作或语言交际，并不是申农（Shannon）和韦佛（Weaver）所提出的“信息编码——信号——传递途径——接收——信息解码”的通讯模式，而是生成现象和解释现象的过程。在这个过程中，语言符号只是提供某种信息方向，协助在交际双方的心理表征（认知）之间产生某种相似，从而带来交际效果。斯波珀和威尔逊主张用关联性解释语言交际过程中意义的理解问题①，其主要理论观点如下：

（一）关联性定义。关联性是指假设命题P同一系列语境假设之间的关系，即会话过程中的话语和前后话语以及会话赖以存在的语境都有一定的联系。关联性被看做输入到认知过程中的话语（广义包括思想、记忆、行为、声音、情景和气味等）的一种特性。

（二）关联原则。

1. 关联的认知原则：人类的认知倾向于同最大程度的关联性相吻合。

2. 关联的交际原则：每一个话语（或推理交际的其他行为）都应设想为话语或行为本身具备最佳的关联性。

（三）认知效果（语境效果）。认知效果是关联理论的重要概念，它是指话语所提供的信息和语境之间的一种关系。语境效果是关联的充分必要条件。话语和语境之间存在三种认知效果，从而使话语具有关联性：

1. 新信息和现有语境假设相结合，产生新的语境含义；

2. 新信息加强现有的语境假设；

3. 新信息和现有语境产生矛盾，排除现有语境假设。

（四）关联性条件。虽然在其他条件相同的情况下，处理某一输入所取得的认知效果越大其关联性就越强，但认知效果不是确定关联性的唯

① 以下有关关联理论的概述，主要根据：（1）斯波珀和威尔逊．关联性：交际与认知（日文版）．内田聖二译．日本国 研究社出版社，1999；（2）何自然，冉永平主编．语用与认知——关联理论研究（序）．北京：外语教学与研究出版社，2000．17～27

一条件。因为输入的加工处理和认知效果的取得，都需要在心理上付出一定的努力，在其他条件相同的情况下，为加工处理付出的努力越少，其关联性就越强。这种关联性条件被表述为：

1. 效果越大，关联性越强；

2. 为进行加工付出的努力越少，关联性越强。

（五）最佳关联性假设。根据关联的认知原则，交际中人们将注意力和需要加工处理的信息集中在有关联的信息上面。根据关联的交际原则，说话人发话时就期待着话语具备最佳的关联性。当话语具备足够的关联性值得听话人进行加工处理，尤其是当话语具备最大关联性、说话人愿意并且能够将其说出来时，那么这个话语就是最佳关联性话语。具体表述如下：

一个话语具有最佳关联性，当且仅当：

1. 它起码要具备足够的关联，值得对它进行加工处理；

2. 它与说话人的能力及偏爱相一致，是具有最大关联的话语。

（六）关联理论的推理。关联理论认为，话语的理解就是“明示—推理”的过程，即以最少的努力推出认知效果：

1. 按处理的先后顺序审视理解时的假设（包括消除歧义、确定指称、语境假设和隐含等）。

2. 一旦达到期待的关联程度，理解过程就停止。

关联理论自创立以来，在学术界引起了广泛兴趣，形成了以伦敦大学学院（UCL）和法国科技大学（Ecole-Polytechinue）为中心的研究中心。世界其他一些地方还有一些“关联小组”从事研究工作。1995年底，成立了“关联理论网上通讯”，总部设在伦敦，到1996年底，会员已经超过150人。目前，关联理论的研究除了有关理论自身的进一步阐释和扩展外，还发展出应用性研究，如在文学、翻译、幽默等方面运用关联理论的框架进行解释。由此足见关联理论的影响之大。

我们认为，关联理论之所以有如此大的影响力，关键在于它的理论出发点。关联理论不同于言语交际行为理论和会话含义理论，后两种理论偏于哲学思考，强调抽象的“会话含义”推导，仅仅考虑语言自身的要素，忽视了人的认知在建构话语意义上的作用。关联理论看到了以往研究的不足，走出了另外的道路。对此，周建安概括说①：关联理论认为语言交际是一个认知过程，认知的实现在于它本身体现出来的关联性。也就是说，语言交际之所以能够进行，是因为人类有一个共同的认知心理，就是通过相关的知识来认识事物，即认知主体与认知对象的相关联，这是关联理论最基本的出发点，即关联原则。交际行为具体表现为推理的认知过程，这是由认知行为的本质所决定的。交际者进行交际时将交际意图以语言形式表达出来，让交际对象注意到他的这个意图，交际对象则依靠自己的认知能力推断出受交际意图支配、依附于语言表达形式、与自己的认知环境相关联的交际信息，达到对话语的理解。关联理论提出以后，人们开始将认知作为语用学研究的重点之一，“它是近年来给西方语用学界带来较大影响的认知语用学理论”②。

关联理论改变了人们静态地研究言语交际行为的做法，将话语意义看做是主体追求的一种认知语境效果。认知语境的概念不同于以往的语境概念：首先，认知语境不是“纯客观”的，而是被主体认知到的。表面看起来，语境是客观存在的，但如果言语交际主体没有认知到这个存在，或者没有认知到这个存在所具有的“意义”，那么也就不会对他的表达或理解有任何作用。以往的研究中人们似乎忘掉了这一点（至少是忽略了），以为语境本身就能对言语交际发生影响。关联理论使人们认识到语境必须被认知才能进入主体的言语交际行为之中，成为言语交际的要素。

关联理论提出一种观念：言语交际的意义是交际主体认知语境的相互映现。徐章宏从哲学的角度阐发了关联理论的这一思想。他认为③：

> S和W（斯波珀和威尔逊）把关联性看成命题P和一组语境假设｛C｝之间的关系。假定理解过程中的命题为真，那么，关联性便可定义如下：

① 周建安．论语用推理机制的认知心理理据．外国语，1997（3）

② 何自然，冉永平．关联理论——认知语用学基础．现代外语，1998（3）

③ 徐章宏．论关联理论的语言哲学基础．见：何自然，冉永平主编．语用与认知——关联理论研究．北京：外语教学与研究出版社，2001．192～303

命题P在｜C｜中是关联的，当且仅当P在｜C｜中至少有一个语境含意。

所谓语境含意（Contextural Implicature），是一种特殊的逻辑含意，它通过使用有限的推理规则而获得。语境｜C｜中的命题P的语境含意是P和｜C｜结合而推导出的所有结论，而不是仅从P或仅从｜C｜中推导出的结论。将一个命题加到某一语境中，就会改变语境，因为这样做不仅仅是借助命题而且借助该命题的所有的逻辑含义使语境扩展。

显然，在关联理论中，认知语境是话语意义的构成因素，而不是把语境仅仅当做言语交际意义的外部决定因素。实际上，这种观念意味着话语意义是在言语交际行为的过程中由主体的认知加工动态地建构的。

关联理论的另一个颇有见地的观点是将经济原则运用到了言语交际行为的解释中来。在解释关联性程度时，斯波珀和威尔逊提出了一个条件：如果一个命题在一个语境假设中所需的处理努力小，那么这个命题在这个语境中就具有关联性。“所需的处理努力小”实际上就是投入的认知资源少。最佳关联就是“语境效果”和“所需的处理努力”的某种平衡。

关联理论对语用学的贡献是有目共睹的，不过作为一种开创性的理论也难免有一些不足之处①。从话语意义建构的方面看，有两点需要指出：

第一，关联理论所说的“话语和认知语境相关联”还是个笼统的概念，没有指出具体的关联项目。我们知道，话语和认知语境相关联可以多方面地看。假设命题P和语境假设的集合C1...Cn相关联，那么，这种关联可能有各种情形：P和语境C1关联；P和C2关联；P和C3关联……如果主体的认知处理将所有可能的关联都筛选一遍，那么加工的速度就会很慢，而且也无必要。斯波珀和威尔逊的设想是：言语交际行为中，主体寻找的是最佳关联，即语境效果最大并且处理努力最小。问题是：“语境效果最大”的衡量标准是什么？这是关联理论没有给出

① 关于关联理论的不足，可参阅如下文献：(1) 张亚非．关联述评．外语教学与研究，1992 (3)；(2) 曲卫国．也评“关联理论”．外语教学与研究，1993 (2)

的。我们认为，“关联”是个有用的概念，但话语和语境相关联的核心应该是话语和交际意图的关联，这种关联才是值得言语交际主体加以处理的。

第二，关联理论强调了认知语境效果，但对话语意义是什么没有说明，甚至没有强调交际意图。这样，人们还是不了解话语意义究竟是什么，怎样在认知的加工过程中出现。认知效果的三种状态和言语交际中的话语意义不是同一个方面的问题。

2.3　话语意义研究理论的演进方向

以上我们围绕话语意义的研究对有关理论作了一个大致的回顾，从中不难看出有关话语意义研究理论的发展趋势：在学科领域上，从结构语言学走向语用学，从语言学、哲学走向认知心理学；在研究方法上，从静态解释走向动态解释，从外部的解释走向主体内在心理过程的揭示。

2.3.1　从结构语言学走向语用学

结构语言学泛指以语言结构为研究中心的语言学研究，无论是传统的还是现代的[①]。结构语言学关心的是语言系统的构成结构问题，不把语言的运用作为自己的理论课题，即使在他们的研究中涉及语言的运用，也是为了解释语言结构问题才“不得已而为之”[②]。除此以外，传统语言学研究中涉及的话语意义研究就是在修辞领域了。在修辞中，人们关注的仅仅是一些特殊的“好的表达”，比如委婉、比喻等的意义和作用，而缺少对言语交际意义的整体性思考。话语意义是语言的运用问

① 结构语言学和结构主义语言学不同。结构主义语言学一般是指索绪尔以来的现代语言学，有特定的语言观和特定的分析方法。参阅：冯志伟．现代语言学流派．西安：陕西人民出版社，1999

② 这方面的典型就是汉语语法界的“三个平面”理论。在研究句法问题时，为了解释的充分，将语义、语用加到句法的研究中。有关“三个平面”的理论可参阅：(1) 范晓，胡裕树．有关语法研究三个平面的几个问题．中国语文，1992 (4)；(2) 范晓．三个平面的语法观．北京：北京语言文化大学出版社，1996

题，尽管结构研究有所涉及，但只是为结构研究和修辞效果服务的，并没有将其放在研究的中心地位。然而正是这种“不自觉”的研究却逐步开启了语言研究的新视野，产生了和结构语言学不同的新领域——语用学。语用学研究语言和使用者的关系，这种关系具体体现在言语交际意义的产生和理解，而语言和使用者的关系也只有在语言的运用中才可以得到解释。因此，话语意义成为语用学研究的核心问题是必然的。

2.3.2 从语言学、哲学走向认知心理学

语言问题本来就是语言学、哲学和心理学等学科共同关注的，尤其是话语意义，明显地是各学科都无法回避的问题。语言学关心的是语言形式和话语意义的相互关系，即什么样的形式表达什么样的意义，或者什么样的意义用哪些形式去表达；哲学则探讨言语交际中命题的关系，关注表层命题（字面意义）和暗含意图（或命题）之间的推断关系；认知心理学关注的是话语意义的认知加工过程，即话语意义的建构过程。从结构语言学对话语意义的处理，到奥斯汀与塞尔的言语行为理论、格莱斯的会话含义理论，再到斯波珀和威尔逊的关联理论，正体现了话语意义研究理论的演进历程——从语言学、哲学走向认知心理学，话语意义研究理论的这种发展意味着话语意义的研究逐步从言语交际主体的外部深入到其内在的心理过程。

2.3.3 从静态解释走向动态解释

话语意义是言语交际中的意义，对言语交际中的意义可以有两种理解：一种是在言语交际中“表达”的意义；另一种是在言语交际中产生或“建构”的意义。按照后一种理解，话语意义离开了言语交际行为是不存在的，言语交际行为“造就”了意义；而依照前一种理解，话语意义似乎可以离开言语交际行为而存在，言语交际行为只是表现了这个“预先存在”的意义。显然，前一种理解是静态地解释言语交际行为中的话语意义，研究的重点是言语交际如何表达和理解话语意义，话语意义本身则是不变的东西；后一种理解是动态地解释言语交际行为中的话语意义，研究的重点是言语交际如何“构造”出话语意义，话语意义是随着言语交际主体的认知状况而变化着的。在话语意义的研究中，看待

话语意义还有两种方式：结构语言学、修辞学基本上是将话语意义当做静态的来处理，斯波珀和威尔逊的关联理论寻求最佳关联，实际上是一种动态的观念。言语行为理论和格莱斯的会话含义理论都看重“推导”，具有了动态的意思，但没有明确地将话语意义看做是在言语交际行为中产生出来的。从话语意义研究的理论发展进程上不难看出，话语意义的研究从静态走向动态是个必然趋势。

第三章 话语意义的构成

在对话语意义研究理论的回顾中可以发现，尽管各种理论都对话语意义作了某种解释，但这些解释的重点均在所谓的“会话含义”或“言外之意”方面，而且主要讨论了它们的推导问题。我们认为，以往的这些研究并没有涉及话语意义的全部。其实，话语意义不仅仅是由“会话含义”或“言外之意”构成的，那些所谓的“字面意义”似乎也有理由包括在话语意义之中。即使是“会话含义”或“言外之意”的说法，也没有进一步说明这样的意义是什么，不过是将其笼统地看做和“字面意义”相对的意义而已。倒是奥斯汀的言语行为理论揭示了话语意义中很重要的一个方面，即他所说的“言之所为”，也就是言语交际行为的目的。然而，言语交际的经验表明，言语交际目的并不是话语意义的全部，尽管它是很重要的一个部分。因此，研究话语意义首要的问题是对话语意义的构成作出必要的说明，即使只是揭示会话含义及其推导方式——像格莱斯及其后继者那样，如果没有对话语意义的整体认识，也难于抓住其中的规律，达到解释的充分性。从我们的论题看，既然要讨论话语意义的建构问题，当然无法、也不应该回避对话语意义构成方面的解释。

从认知心理学的角度看，话语意义是在言语交际行为中由主体的认知建构的，是内在于人心理的、主观的东西，而不是客观的存在。这是我们讨论话语意义构成问题的基本出发点。围绕话语意义的构成，下面将主要讨论四个方面的问题：话语意义的性质、话语意义的来源、话语意义的构成成分和话语意义的结构。

3.1　话语意义的性质

话语意义和语言意义的性质不同。话语是语言的实际使用，因此人们常常将话语的意义等同于语言的意义，这其实是一种误解。语言意义是语言范畴的，话语意义是言语范畴的，两者不能混为一谈。语言的存在价值是因为其能用于交际，话语意义的建构当然离不开语言意义，但话语意义不等同于语言意义，它是语言意义的某种“兑现”。这就如同现代社会中购物要使用货币，但购买的商品本身并不就是货币一样，货币是能充当一般等价物的特殊商品，它的存在价值是能兑现成特定的商品。从某种意义上说，言语交际行为就是语言的消费，即把语言意义这种一般的“等价物”“兑现”成特定的话语意义。反过来说，语言意义是从话语意义中抽象概括出来的东西，成为一种规约凝结在语言的符号结构之中。

话语意义和语言意义的不同性质，主要反映在下面几个方面：

第一，概括性和具体性的差异。语言是一种抽象、概括的符号，语言意义是一种抽象的结构意义。尽管语言提供了表现具体意义的可能，但并不是具体的意义。话语是语言的具体运用，是将抽象的语言符号和具体的意义“对接”起来，话语意义是具体的意义。看一下语言中的代词和代词的实际使用，就能够很清楚地明白语言意义的概括性和话语意义的具体性的差别。比如下面的例子：

（1）甲：快帮我一下，他要来了。

乙：他？谁呀？

甲：嗨，就是刚认识的男朋友呗。

例句中乙的话语表明她没有明白甲的全部话语意义。之所以如此，是因为不知道甲在话语中使用的代词“他”的所指对象。“他”的语言意义是“第三人称，指说、听双方以外的人”，我们可以把“他”的这种语言意义视为一种使用条件。但在具体的交际中，代词“他”必须指称一个具体的对象，否则话语的意义就不清楚。例句中乙的回应就是要求甲给出“他”的具体指称对象，以便能完全理解甲的话语意义。当甲进一步说明“他”是“刚认识的男朋友”后（也就是给“他”一个具体的指称对象），乙才能真正明白甲的话语意义。

如果有人争辩说，即使不明白“他”的所指，甲说的“他要来了”也是有意义的。当然这不错，但这个所谓的意义只能是“有人要来了”，并不是甲要表达的话语意义（最多是话语意义的一部分）。可见，用代词进行言语交际时其指代的对象必须清楚明白。一般讲授语法的人都会告诉人们在使用代词的时候要“指代”清楚，否则犯“指代不明”的错误。“指代不明”就影响了言语交际中话语意义的建构，只是语法研究并没有自觉深入到话语意义的研究层面而已。

我们选择代词来说明语言意义的抽象性和话语意义的具体性只是考虑了解释的方便，并不意味着只有代词和代词的使用才是这样，语言结构中所有的成分及其使用都是这样的。语言意义是概括的，话语意义是具体的，言语交际中出现的是具体意义而非概括意义，但离开了语言的概括意义，话语意义又不能构成。话语意义是语言意义在言语交际中的“兑现”，语用学关于“指示”的讨论所要解决的正是这种“兑现”的方式和途径。

第二，社会性和个人性的差异。语言意义是社会的，是一种社会的规约系统，是社会的共有价值。话语意义则是语言意义的个人体现，是社会规约下的个性化表现。语言作为一种符号系统是全社会约定的，全社会对语言意义有着共同的理解。语言意义的社会性是使用该语言进行交际的前提，缺少这个前提，就不能使用这种语言。尽管人们使用某种语言进行交际对所使用语言的意义有着共同的把握，但每个人的每一次交际都充满了个性特征。也就是说，话语意义不是语言意义的简单“拷贝”，而是体现了个性的东西。话语意义永远是个人的，尽管它由社会的规约意义构成。从信息传递的角度看，不能想象一种只有社会规约意义的言语交际。如果那样的话，言语交际的信息量就等于零，因为交际的价值就是传递新的信息，而新的信息是个人性的，不是社会性的。言语交际行为中，交际主体总是用社会性的规约意义建构个人性的话语意义，虽然偶有失误，但这种失误恰恰证明语言意义社会性和话语意义个人性差别的存在。如作家航鹰在小说《金鹿儿》中的一段叙述：

(2) 她的名字叫金鹿儿，是糖果柜的售货员，证号 163，可是附近轧钢厂里那群常来闲逛的小伙子却喊她“一号”。起先我不知道其中的含义，后来才打听到，他们偷偷地给女售货员排了“座次”，最漂亮的叫“一号”。

小说中的“我”所以开始不懂“一号”的意思，是因为按照词语的社会规约意义，那个叫金鹿儿的女售货员明明是“163 号”，怎么叫她“一号”呢？当“我”知道了那些小伙子是按漂亮的程度排“座次”时，才明白了其中的含义。“一号”的社会规约意义是指某种顺序的第一个(委婉语还指厕所，上例中不涉及)，例(2)中“一号”出现在两种序列中：售货员的胸证号码序列和漂亮程度的“座次”序列。“我”开始由于只知道前一种序列而不知道后一种序列，所以不懂“一号”的含义。把最漂亮的女售货员叫“一号”，是充满了个性的话语意义，但这样的话语意义仍然在社会性意义的规约之下，毕竟“一号”还是某种顺序的第一个，否则“我”就真的不明白了。

第三，静态性和动态性的差异。语言意义相对来说是静态的、稳定的，而话语意义却是动态的和临时的。语言意义存在于共时的静态系统之中，它是稳定的。唯其如此，语言才能成为全社会的交际工具。话语意义是在言语交际时根据主体的需要临时建构起来的，一次言语交际行为结束由此建构的话语意义就消失了。从认知心理学的立场上看，静态性的语言意义是储存在人的长时记忆结构中的一种知识，而动态性的话语意义则是言语交际主体在认知加工过程中于短时记忆结构中生成的。

认知语言学认为：“一个表达式的意义就是在说话人或听话人的大脑里激活的概念，更为具体地说，意义存在于人类对世界的解释中，它具有主观性，体现了以人类为宇宙中心的思想，反映了主导的文化内涵、具体文化的交往方式以及世界的特征。”① 话语意义实际上是主体

① 文旭．认知语言学的研究目标、原则和方法．外语教学与研究，2002 (2)

的内在知识在言语交际行为中的一种动态反映，依赖于言语交际行为中主体的认知努力。所谓“动态反映”是指话语意义是说话人和听话人认知背景相互作用的产物[①]。如下图所示：

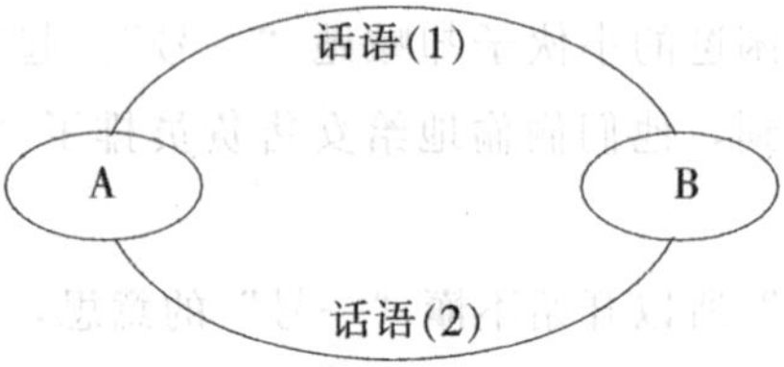

图1　言语交际主体互动作用示意

图1表明了说话人A和听话人B在言语交际行为中的相互作用。A根据自己的认知背景将要表现的意义编码为特定的话语（1）发送出去，B则根据自己的认知背景从接受到的话语（1）中理解出特定意义，并以话语（2）作出反应。话语意义就是在这个相互作用的过程中产生的。

从认知心理学的信息加工理论角度看，言语交际是个信息加工过程，话语意义是言语交际主体将储存在长时记忆中的知识激活、调出并在短时记忆中将这些知识连接、重组而建构出来的。话语意义具有短时性，一次言语交际行为结束，话语意义就消失，除非主体认为必要才会将其保存在长时记忆中，成为主体知识结构的一部分。

我们可以用“建构性”来概括话语意义的性质。所谓建构性就是指话语意义的具体性、个人性、动态性和短时性。与此相对，语言意义的概括性、社会性、静态性和长时性可以用“既存性”加以概括。认识话语意义的建构性质十分重要，它是进一步阐释话语意义的基础和出发点。以往有关话语意义的研究没有抓住话语意义的这一性质，所以没有对话语意义作出令人信服的解释。正如我们在本书第二章所讨论的那样，修辞学研究虽然涉及话语意义问题，但它是从语言表达效果的角度出发的，因为修辞学没有认识到话语意义的建构性，而是假定了话语意义的某种既存性。奥斯汀、塞尔的言语行为理论和格莱斯的会话含义理论都注意到了话语意义和语言意义的不同，但这种认识并不是很清晰，

① 辻幸夫. ことばの認知科学辞典. 東京：大修館書店，2001

比如他们都只专注于“言外之义”或“会话含义”的解释，忽略了“字面意义”，似乎只有前者才是话语意义。这种理论的弱点正是由于他们忽视了话语意义的性质所导致的。斯波珀和威尔逊的关联理论是建立在认知心理学基础之上的，虽然在对话语意义的认识上比以前的理论前进了一步，但他们却没有讨论话语意义的性质问题，因此他们说的关联性缺乏明确的指向性说明，三种语境效果也并不是对话语意义的解释。

3.2 话语意义的来源

如果认定话语意义是建构性的，那么就有理由问：话语意义从哪儿来？我们知道，语言意义是既存性的，可以通过学习得到；而话语意义是在言语交际中生成的，不是学习的结果，它一定源于言语交际行为过程本身。话语意义的来源问题在以往的研究中并没有被认真讨论过，其中的原因大概有两个：一是人们似乎接受了一个假定，即话语意义先于它的表达而存在，比如经常听到说“当有某种意义要表达的时候”等。然而这种假定是缺乏根据的。如果话语意义预先存在，那么它从哪里来？以什么方式存在？这些问题无法回答。另外一个原因是人们没有将话语意义和语言意义区分开。

我们认为，话语意义的来源问题应该得到重视。话语意义是在言语交际行为中建构出来的，言语交际中行为本身由很多因素构成，这些因素都可能成为话语意义的建构要素，我们把这些要素看成是话语意义的来源。知道了话语意义的来源，就能更好地认识话语意义的特征和构成，也才能更好地解释话语意义的表达和理解。

3.2.1 来源之一——主体需要

语言哲学家奥斯汀告诉我们，说话就是实施一种行为。人类的行为都有动机，言语交际行为也不例外。对于正常的人来说，没有动机的言语交际是不存在的。人的行为动机源自于人的需要。人本主义心理学家马斯洛（Abraham Harold Maslow，1908～1970）认为：需要是动机产生的最根本的心理基础，动机是直接推动人的行为活动的内部原因和动力。需要和动机紧密地联系在一起，离开需要的动机是不存在的[1]。主体的需要产生动机，动机引发满足需要的行为。我们知道，人的需要有各种满足的方式，但以是否通过语言（广义的还包括其他的符号手段）中介为标准可以分成两种：一种是不以语言为中介的，比如饿了就直接寻找食物，冷了就寻找取暖的方法等等。图示如下：

需要──→动机──→行为──→满足

图 2　不以语言为中介的需要满足

另一种方式是通过语言满足需要。以语言为中介的需要满足方式比不以语言为中介的方式复杂得多，它要经过下面的过程：

1. 主体产生某种需要；
2. 形成满足需要的动机，记为 X；
3. 形成用语言满足需要的动机，记为 j；
4. 上述两种动机产生交际意图；
5. 交际意图产生具体的言语行为；
6. 言语行为产生实际的行为；
7. 主体需要得到满足。

上述过程可以用下图表示：

需要──→［动机 X＋动机 j］──→交际意图──→言语行为──→行为──→满足

图 3　以语言为中介的需要满足

在言语交际行为中，主体的需要体现在交际意图之中。换句话说，当主体的某种需要能（或者只能）通过使用语言来满足时，就形成言语交际的意图。需要不同，形成的交际意图就不同。

交际意图由两个部分构成：意向和意向内容。意向是需要的种类，比如告知、请求和意愿等等。意向内容是需要的具体对象。意向涉及主体的需要是什么性质的，意向内容涉及主体在某种性质的需要中需要什么。各种不同的交际意图构成了话语意义的重要内容。

如果用 HY 表示话语意义，｛ ｝表示话语意义来源，那么来源于主体需要的话语意义可以表示为：HY｛主体需要｝

① 车文博．人本主义心理学．杭州：浙江教育出版社，2003．118

3.2.2　来源之二——交际主体的状态

交际行为主体是言语交际的参与者，他们的状况不能不对话语的意义发生影响。进一步说，交际主体参与了话语意义的建构，主体的状况会投射到话语的意义中去，成为话语意义的一部分。主体的状况有两个方面：一个是主体的自在状况，另一个是对主体自在状况的认知。这两个方面都会成为话语意义的构成因素。古典小说《红楼梦》中有一段描写宝玉挨打后的文字：

（3）袭人咬着牙说道："我的娘，怎么下这般的狠手！你但凡听我一句话，也不得到这步地位。幸而没动筋骨，倘或打出个残疾来，可叫人怎么样呢！"

宝钗叹道："早听人一句话，也不至今日。别说老太太、太太心疼，就是我们看着，心里也——"

黛玉听了宝玉这番话，心中虽然有万句言词，只是不能说得，半日，方抽抽噎噎的说道："你从此可都改了罢！"

凤姐问宝玉："可好些了？想什么吃，叫人往我那里取去。"

例(3)中，不同的几个说话人，其交际意图是共同的，即劝慰宝玉。但是，读者不难感受到这些说话人的话语在意义上的明显差别。这些差别主要来源于交际主体的不同状况：袭人是个贴身的丫环，是下人，渴望成为宝玉的填房；宝钗和黛玉都想嫁给宝玉，但宝钗家有钱有势，可以按照正统的礼法实现目的；黛玉就不同，自认为寄人篱下，无依无靠，但与宝玉有真正的爱情；凤姐既是宝玉的姐姐，又是贾府的管家。这些人都心疼、喜欢宝玉，但又各有不同：袭人是对主子的感情；宝钗是对未来正统观念丈夫的关爱；黛玉是对心上人的爱怜；凤姐则是姐姐对弟弟的情谊。

当然，交际主体有时可能并没有意识到自身状况投射到话语意义中去，如例(3)。这种投射是自动的。有些时候交际主体注意到了这种投射，是有意识控制的。小说《红岩》中有这样的描述：

（4）成岗愉快地看着这个聪明伶俐的孩子，这个孩子，太可爱了。"你在这里……呆了好久？"成岗不愿对孩子说出那个可怕的"关"字，改口说成“呆了好久”。“我从小就在这里……”

交际主体——成岗认知到了另一主体——小萝卜头的主体状况，有意识地选择了“呆”这个含有“非强制”意义的动词，将“不忍伤害、眷顾”的意义投射到话语意义中去。

作为言语交际行为主体的说、听双方，他们在参与言语交际时的自在状况总是自动投射到话语意义中去，而有意识的投射是建立在对主体自在状况的认知基础上的，像例(4)显示的那样。对主体自在状况的认知有三个方面：对自身状况的认知、对对方状况的认知和对双方关系的认知。除此之外，言语交际中如果涉及说、听双方以外的第三者，主体对这第三者的认知也会投射到话语意义中去。当然，对交际主体以及第三者的认知只是有意识投射的必要条件，具备这个条件并不一定就是自动投射。

语用学和社会语言学都注意到了言语交际主体对言语交际的影响，但仅仅讨论了主体状况对表达和理解的制约作用，没有从来源的角度看待主体状况在建构意义中的作用。我们认为，言语交际主体的状态对交际的影响融入在话语意义之中，成为话语意义的来源之一。

来源于交际主体的话语意义可以表示为：HY｛主体投射｝

3.2.3 来源之三——交际背景

任何言语交际行为都不能脱离它所发生的时代的社会政治、经济、文化等状况，这些特定时代的社会政治、经济、文化等状况构成一种交际背景。在言语交际行为发生时，交际背景中的各种因素会渗透到话语意义中去，成为话语意义的构成要素。言语交际背景对话语意义的渗透主要体现在两个方面：一是语言自身。语言是时代的产物，不同时代的政治、经济和文化特征都会凝结在语言的结构中，从而成为话语意义的一部分。例如：

(5) 娱乐圈是个万花筒，随便一转，让人眼花缭乱。

生活在当今中国大陆的人都知道，“娱乐圈”是20世纪90年代以来流行的词，以前叫做“文艺界”。两个词反映了不同时代的特征，或者说凝结着不同的时代意义。凝结着某种时代意义的语言结构在被使用时，就会在话语意义中反映出某些时代的含义。

另一个是交际背景宏观上制约了言语交际行为，这种制约往往造成特殊的话语意义。如：

（6）欲悲闻鬼叫，我哭豺狼笑。洒泪祭雄杰，扬眉剑出鞘。

该诗写于1976年清明，交际意图是怀念周恩来总理，痛斥“四人帮”集团。由于时代的制约，采用隐喻的方式将那个特定时代政治的压抑、险恶以及人民的悲愤情绪渗透到话语意义中来。

交际背景对话语意义的渗透有时是无意识的，言语交际主体使用某种特定时代的词语进行交际时，并非总是意识到特定时代的政治、经济和文化等方面的信息已经进入到话语意义中来，如例(5)。有的时候，言语主体明确意识到了交际背景的状况，交际时有意识地将交际背景的信息融入到话语意义中来，例(6)就是个典型。

来源于言语交际背景的话语意义可以表示为：HY｛背景渗透｝

3.2.4　来源之四——交际情境

交际情境不同于交际背景，它指的是言语交际行为发生的具体时间和空间状况。在言语交际行为中，具体的时空状况不仅仅是个物理概念，还包括那些由具体的物理时间和空间显现出来的某种意义。言语交际行为总是发生在特定的交际情境中，交际情境的因素会直接映现在话语意义之中。如下面的例子：

（7）（乘坐公共汽车，下车时）

售票员：票！

由于例(7)的交际情境是具体而明确的，所以话语形式“票！”的意义就是“请出示车票”。如果换成电影院的入口，就可能是“请出示电影票”了。

（8）检票员：先生，请出示您的车票。

例(8)也是要求乘客拿出车票，但透出的是正式、郑重的含义。两种情形，前者具体，是话语具体意义的方面；后者抽象，是一种情境显现的风格意义。

某些特定的时间和特定的空间环境发生的言语交际行为可能有特殊

的含义，离开了这个特定的时间和空间，意义就不同。比如现在连中国人都知道了在 4 月 1 日这天要留神你听到的话——那很有可能只是一个玩笑。因为在西方的文化里面，4 月 1 日是愚人节，是一个可以愚弄人的日子。还有一些特定的时间可能只对少数人甚至是只对一个人有意义，像生日、结婚纪念日、发生车祸的那一天等，但同样会使得这些时间的言语交际具有特殊的话语意义。中国有句成语叫做“触景生情”，用来说明言语交际也不无道理：当我们处在不同的空间环境时，说出的话会有不一样的含义。

交际情境制约了言语交际，这是许多研究者都描述过的。但以往研究所关注的重点主要是交际情境如何决定了语言形式的选择，是从“适应题旨情境”的方面看问题。尽管语用学指出了情境决定了言语交际的意义，但却没有将情境意义看做话语意义的一个来源。

来源于交际情境的话语意义可以表示为：HY {情境映现}

3.2.5 来源之五——语言结构

语言是言语交际的形式手段，没有语言就不成其为言语交际了。语言结构的意义在言语交际中被兑现，成为话语意义的一部分。语言结构的意义包括两个方面：单位的意义和组合的意义。言语交际离不开语言结构，由于语言结构自身的特征，对言语交际具有一种制约关系。因此，源于语言结构的意义在话语中均可视为是受到语言结构制约的意义。下面的例子表现得明显一些：

(9) 遭到了老师的表扬。

按汉语的组合规则，“遭到”不能和“表扬”这类的含有积极意义的词语同现，只能和“批评”之类含有消极意义的词语同现。因此，上例就具有了特殊的话语意义。把例(9)和下面的例(10)比较一下就会看出这一点：

(10) 遭到了老师的批评。

话语意义的建构离不开语言结构意义，它同时也要受到语言结构意义的制约。但语言结构意义并不是直接进入话语意义中的，而是要通过某种“兑现”。人们经常使用“字面意义”的概念，以为“字面意义”

就是语言结构意义，其实这是一种误解。“字面意义”是和“会话含义”（或“言外之义”）相对的概念，应该看成是直接的、明示的意义。“直接”和“明示”是就表现言语交际意图而言，是话语意义范畴。我们把语言结构意义看成是话语意义的一个来源，而不是全部话语意义，即使是“字面意义”也是如此。

来源于语言结构的话语意义可以表示为：HY｛语言结构制约｝

3.2.6　*来源之六——副语言*

副语言指伴随语言出现的动作、表情及特殊的音响形式[①]。在话语意义中，源于副语言的意义可能具有很重要的地位。传播学者雷. 伯德惠斯特尔估计，在有两个人的信息的传播中，有65%的“社会含义”是通过非语言传播的[②]。传播学者梅拉宾（A. Merabian）认为，一个信息的整个冲击力是下列公式的一个函数[③]：

传播冲击力 1＝0. 07x 言辞＋0. 38x 声音＋0. 55x 面目表情

上述公式是如何得到的我们不得而知，但其强调了副语言在言语交际中的重要作用是可以肯定的，也符合人们的言语交际经验。下面是网络中言语交际的例子，从中我们会看出副语言在话语意义中的不可或缺的地位。

（11）（网易某聊天室）

城市猎人：哦，真的是你吗？

芭蕉抚雨：（愉快地笑了）还记得我？谢谢。

例(11)中“你还记得我”这句话，如果没有副语言的参与，意思可能很不一样。在自然语言的日常交谈中，交际主体的副语言可以被对方看到并参与话语意义的构成，而这在网络交际中无法做到（视频的除外），所以才用语言提示出来，激发对方想象。

当然，强调副语言在建构话语意义中的作用并不是轻视语言在言语交际中的地位，就算是在言语交际中真的有65%的信息源于副语言，

---

① 孙维张．汉语社会语言学．贵阳：贵州人民出版社，1991. 75

② 威尔伯·施拉姆，威廉·波特．传播学概论．陈亮等译．北京：新华出版社，1984. 75

③ 李茂政．大众传播新论．台北：三民书局，1984. 115

但不能忘记：离开了语言形式，这65%将化为乌有，更何况没有语言就根本不能算是言语交际了。

来源于副语言的话语意义可以表示为：HY{副语言参与}

3.2.7 不同来源的意义在话语意义建构中的关系

以上我们谈到的话语意义的六种来源，不敢说包括了所有的可能，但至少是最主要的。来自各个不同方面的意义构成了话语意义的总体。在言语交际中，这些不同来源的意义都是被话语形式激活、提示出来的。我们认为，以往在话语意义研究中区分的"字面意义"和"言外之意"（或"会话含义"）是很模糊的。从来源上看，"字面意义"也并不都是"字面"的，"言外之意"也是必须有话语形式的提示。

话语意义可以视为由不同来源的意义构成的集合。如下面所示：

HY{语言结构制约｜主体需要｜主体投射/背景渗透/情境映现/副语言参与}

不同来源的意义在话语意义整体中处于互补和选择的关系之中。互补的意思是同一种意义一般不会来源于一个以上的方向（除非是为了其他目的），否则将造成言语交际行为中意义的羡余。比较下面两个例子：

(12)（商场，某人买香烟）

顾客：长白山，两包。

店员：二十。

(13)（商场，某人买香烟）

顾客：我要买两包长白山牌子的香烟。

店员：恩，长白山牌子的香烟，每包10元，两包一共20元，请付钱。

例(12)的话语形式比例(13)少很多，但交际意图却是一样的。对比两个例子就会发现，例(13)多出的东西都是在其他来源中存在的东西：在商场，一定有买卖行为；在香烟柜台，一定是买烟；"长白山"一定是香烟的牌子等。这些来源于其他地方的信息在用语言形式表现时，除非另有意思，否则就是羡余的东西了，这违反了言语交际的经济原则。

选择关系是指在话语意义中源于主体需要（即交际意图）和语言结

构的意义是不可或缺的，因为缺少这两项言语交际行为就不可能发生了。其他不同来源的意义既可以同时成为话语意义的构成部分，也可以选择某些作为话语意义的构成部分，比如源于副语言的意义在书面言语交际中就常常不出现。

话语意义是由不同来源的意义构成的整体，互补和选择体现了言语交际主体对话语意义的分派，这种分派是由交际主体的认知策略决定的。选择表明，话语意义不只来源于一个地方——尤其要强调的是不只源于语言结构，即使是同一种意义，其来源也可能不同。互补反映了言语交际的经济原则，如果某种来源为话语意义提供某种意义成分，其他的来源就提供另外的意义成分。当这种互补性被打破的时候，就造成了新的话语意义或交际效果。

3.3 话语意义的构成成分

§3.2 中我们从来源的角度讨论了话语意义的构成，这种讨论的目的在于说明言语交际行为中的哪些要素参与了话语意义建构。进一步的研究似乎应该回答这样的问题：来源于不同方面的话语意义成分究竟是什么？回答这样的问题需要我们对构成话语意义的“意义成分”作出分析。话语意义是复合的，它由多种意义成分构成。请看下面的例子：

(14) 职员：经理，我的一个亲戚在南方开公司，要我过去帮他，条件也挺优厚的……不好意思，我在您这儿这么长时间……

经理：我们很需要你呀，业务好又敬业，昨天我们还讨论要给你加薪呢。

职员：那我再考虑考虑吧。谢谢您了。

简单分析一下这段对话就能发现如下的话语意义：

先看职员：

① 职员的真实意图是要求经理给他加薪，整个交际的目的是请求；

② 说了加薪的理由：在这儿好多年了，他有能力，如到别的公司

待遇更好；

③ 表达了请求的强度：如果不加薪，可能辞职，也是对经理施加压力；

④ 表现了必要的礼貌。

再看经理：

① 经理的交际目的是满足职员的要求；

② 同意加薪的理由：公司需要。

要特别说明的是，上述对话语意义的这些分析着眼于言语交际行为可能有的话语意义整体，不是仅仅看交际主体“说出的部分”。话语意义有很多来源，“说出的部分”——话语形式，只是一个来源而已。以这样的方式看，话语意义就是个复杂的构成。以上对例(14)分析，只是指出了话语意义的几个主要方面，从中我们已经不难看出构成话语意义的一些不同性质的意义成分了。

世界是丰富多彩的，人对世界的体验也是多种多样。因此，当人将他体验到的世界表现出来的时候，就会是不同侧面的呈现。认知心理学认为，言语交际就是信息加工的过程。在这个过程中，主体把他体验或认知到的有关世界的不同侧面组织到言语交际行为中去，形成了话语意义的不同意义成分。话语意义是各种意义成分综合起来的整体，是主体认知加工的结果。

英国语言学家利奇（G. Leech，1936～ ）概括了语言的七种意义[①]：理性意义、内涵意义、社会意义、情感意义和反映意义、搭配意义和主题意义。他的概括是从不同角度进行的，有的界限不是十分清楚的，像内涵意义、情感意义、社会意义的区别就不是很清楚。不过利奇打开了人们的思路，将笼统的意义加以区分。孙维张和吕明臣在谈到词语的意义构成时提到四种[②]：逻辑意义、形象意义、情感意义和功能意义。这些对意义的区分都是着眼于语言结构的意义，不是话语意义。但在对话语意义的构成成分进行描述时，我们可以借鉴这样的方法对话语

① 杰弗里·利奇. 语义学. 李瑞华等译. 上海：上海外语教育出版社，1987. 13～28

② 孙维张，吕明臣. 社会交际语言学. 长春：吉林大学出版社，1996. 285

意义的构成成分作出描述。下面我们将分类讨论临时的话语意义可能的构成成分的类型，这些类型是对话语意义构成成分的概括，不是具体的话语意义，也不是固定的语言结构意义。

3.3.1　表意成分

这里的“意”是指意向。我们认为，言语交际行为的目的是交际意图的表达。前面已经指出，源于主体需要的言语交际意图由两部分构成：意向和意向内容。意向说的是“什么样的意欲”，意向内容说的是“意欲什么”。在言语交际行为中，意向成分必不可少，它是话语意义的重要构成成分，因为单纯的意向内容（多数是命题）并没有交际的价值，只有当它是“某种意向”的内容时才获得了意义。比如“我饿了”这句话，仅仅是说了一种事情的状态，只有把它归结为某种意向的时候，才真正有意义：在告知意向中，是告诉对方一种状态；在请求意向中，“是请求吃饭”的意思；在意愿的意向中，是“我要吃饭”的意思。

我们说意向成分必不可少，是就话语意义整体而言，不是指言语交际中的话语形式层面一定要出现意向成分。在现实的言语交际行为中，意向成分并非总是出现在话语形式中。比如前面的例(14)，职员的话语形式中并没有“请”、“要求”这样的表现请求意向的词语，但其请求的意向仍然存在，并且很明确。当然，同样的意向也可以用话语形式表现出来，变成下面的样子：

(15) 职员：经理，真是不好意思开口，我在您这儿很长时间了，希望您能考虑我的工资待遇问题……

和例(14)相比，例(15)里出现了“希望”这样的词语，既表现了意愿，也表现了请求的意向。两例说法不同，话语意义有别，但交际意图是一样的。许多研究者倾向于把例((14)那种不用语言形式明确表现意向的方式叫做“隐含”，相对的将例(15)看成“明示”[①]。其实，“隐含”和“明示”的说法未必准确，尤其是“隐含”，容易给人一种印象：似乎“隐含”的东西与话语形式无关。在我们看来，“隐含”也好，“明

① 这里所用的“明示”一词不是在关联理论的意义上使用的。关联理论的“明示”概念要宽泛得多。

示”也罢，都是由话语形式“提示”出来的，差别仅在于“提示”的方式。在言语行为理论中，奥斯汀用“程式用语”说明例(15)这样的现象，应该是一个比较好的解释。如果按照奥斯汀的观点，所谓“明示”就是用“程式用语”表现意向，“隐含”则是不使用“程式用语”表现意向。

3.3.2 表事成分

表事成分是指话语意义中那些表现世界的事情、知识和道理的部分。语义学中常常用“理性意义”或“逻辑意义”来指称这些意义成分[①]。我们认为，“理性意义”的说法界限不清，像“意向”这样的含义就不容易说清楚它究竟是理性的还是非理性的。“逻辑意义”过于狭窄，取决于人们对逻辑的理解。我们用“表事成分”来概括，希望避免这些麻烦。

在话语意义中，表事成分主要承担言语交际意图中的意向内容，比如：

(16) 请您讲普通话。

“请”是意向，“讲普通话”是表事成分，在这里承担了意向内容。

表事成分是我们对话语意义中某种意义成分的概括，它并非总是和话语形式的意义直接对等，像上例显示的那样。事实上，话语形式的作用是一种意义的提示，通过这种提示表明了表事成分是什么。例(14)比例(15)复杂得多，作为意向内容的表事成分“给我加薪”不是用话语形式直接表现的，话语形式部分只说了“给我加薪”的理由：工作时间长，工资待遇不高（所以要给予考虑）。那么，这些用话语形式直接表现的东西算不算承担意向内容的表事成分呢？当然算。因为根据事理的联系，交际主体可以从话语形式直接提供给我们的东西推断出话语意义的意向内容来。言语交际的这种现象告诉我们，话语形式直接表现的表事成分可能直接就是意向内容，也可能仅仅是间接的意向内容，由此可以合理地推出意向内容。现在我们用“我饿了”构造出几个不同意图的

① 杰弗里·利奇．语义学．李瑞华等译．上海：上海外语教育出版社，1987．13～28

言语交际，看一下表事成分成为意向内容的复杂状况。

(17)a. 甲：你怎么了？

乙：我饿了。

b. 妈妈：还不写作业？

孩子：我饿了。

c. 甲：我饿了。

乙：那我们去吃饭吧。

例(17)a 的交际意向是告知，“我饿了”直接作为告知的意向内容；例(17)b 可以有两种意向：一个是意向“不想”，作为意向内容的表事成分是“写作业”。另一种意向是告知，“我饿了”为告知的意向内容。表面看起来两种意向的内容不一样，但实际不是。当交际意图为意向“我不想写作业”时，正是通过告知“我饿了”完成或推断的。例(17)c 的意向是请求，意向内容是“吃饭”、“我饿了”和“吃饭”是有事理联系的，因此从前一个表事成分可以推出后一个。

上述的分析也表明，表事成分并不能单独成为话语意义，它必须和表意成分构成言语交际的意图——成为某种意向的内容才能成为话语意义。当然，没有表事成分，意向也就成为空的东西，言语交际意图就不清楚，话语意义也就不复存在。

3.3.3　表情成分

表情成分是指话语意义中的情感因素。在言语交际中，不仅有交际主体意图的表达，而且有交际主体的某些情感体验及价值判断。这些情感体验及价值判断会在话语意义中有意或无意地表现出来。有的言语交际行为主要就是表现情感的，像抒情诗；有的不是为了表现情感，但包含有情感成分。比较下面两例：

(18) 快点儿来呀，大家都在等你。

(19) 还不来呀？大家都在等你。

这两个例子表达的交际意图都是请求，但例(19)和例(18)相比显然带有“不满、埋怨”的情感。

表情成分反映了言语交际主体的情感体验，这些情感体验主要源于如下几个方面：

（一）对交际对象及关系的判断。这是对交际主体的认知，包括两个方面：社会角色关系和情感关系（参看§4.1）。社会角色的高与低、情感关系的亲与疏都会反映到言语交际中来，成为话语意义的成分。比如下面的几个例子①：

（20）祥林母亲抬起头来，想了一下，站起来，望后屋大声地：“喂，怎么的，还不去打水？天快暗了。”

（21）前屋，油灯下，祥林母亲低声对阿根说：“方才二哥讲的话，不许说，懂吗？订了亲，开春给你娶过来……”

上面两个例子，说话的是同一个人“祥林母亲”，但是听话的对象不同：例(20)里的听说对象是他的儿媳妇，而且儿子已经死了。旧时中国，儿媳本来就没有地位，受婆婆的驱使，更何况儿子已经不在了。因此，话语中不仅反映出话语双方地位的差别，而且表现了关系的疏离。例(21)就不同了，听话者是自己的亲生儿子，虽然长幼有序，但话语中透出一种教导和关爱。

（二）对交际中所谈论的人或事物的判断。言语交际主体对交际中所谈论的人或事物都会抱有一定的态度，这会反映到话语意义中来。如：

（22）祥林嫂量了米，端着淘萝从窗口经过，去淘米了。四太太看了她一眼，对四老爷：“你说她寡妇，不好。（得意地露出一点笑容）大家都说四老爷家用着了人呢，手脚勤快，一个男人抵不过她……今年过年，可以不用添短工了。”

尽管“祥林嫂”只是个佣人，但“四太太”在谈到“祥林嫂”的时候，话语中仍反映出对“祥林嫂”的赞赏和自己用对了长工的得意之情。

（23）祥林嫂完全出于意料之外，不知说什么才好，几秒钟之后，才格格不吐地：“我，捐过门槛……捐过……”四太太一扫她平时的慈

① 例(20)至例(24)均选自夏衍改编的电影剧本《祝福》，见《中国电影剧本选（三）》（中国电影出版社1979年10月版）。

眉善脸，迎头痛击："什么门槛不门槛！放下，不准开口！"

"祥林嫂"和"四太太"身份、地位有别且遭遇不同，对"捐门槛"这样的事态度截然不同："祥林嫂"虔诚，觉得会从此改变自己的命运；"四太太"则表现得无所谓，甚至有些鄙夷。

（三）交际主体自身的情感状况。在言语交际中，主体自身的情绪和感情状态会被带到交际中，渗透在话语意义中。如：

（24）老大看看卫老二。老二面孔一板："你自己说！"

老大："兄弟，实在没有办法，把这间房子……"

老六紧张。

老大继续说："……押一下，先还了账，等你病好了，再说……"

老六挣起半个身子："押房子？"

老二："我算了算，押了房子，还了账，还可以多十几吊……"

老六大怒："你出的主意？"

老二冷冷地用嘴指着贺老大："问他。"

老六："卫老二，你太狠了！不让人活，是不是？"

老二反拨地露出凶相："什么，借了钱不还，还说别人狠心！你，你打算赖……给不给？"（气势汹汹）

老六横了心："不给。"

老二奸笑："好厉害，不给？再说一遍！"

老六："不给，不给，你……"

老二一把抓住他的胸口："到镇上去，吃讲茶评理……"

在上述这段对话中，言语交际主体的话语意义明显地反映出言语交际主体情感的变化。言语交际中，交际主体在交际时的情绪感情状态会自觉不自觉地进入话语意义，成为话语意义的一部分。

3.3.4　表象成分

言语交际行为中，话语有时会激活一些相关事物的形象，这些形象的东西也构成话语意义的一部分。比如李白的诗句"飞流直下三千尺，疑是银河落九天"，对它的真正理解，需要调动交际主体对描述对象的想象。文学作品中一直都把形象的描绘视为生命。如下例：

(25) 刚从远处看到的那个笔直的山峰，就站在巫峡口中，山如斧削，隽秀婀娜。

“笔直”、“斧削”都调动了人的视觉经验，靠这些经验，主体才能表达和理解话语意义。在日常言语交际中，话语的意义中也不乏形象的东西。表象之“象”，不仅指源于视觉之“物象”，也指听觉之“象”、味觉之“象”和触觉之“象”。例如：

(26) 曲曲折折的荷塘上面，弥望的是田田的叶子。叶子出水很高，像亭亭的舞女的裙。层层的叶子中间，零星地点缀着些白花，有袅娜地开着的，有羞涩的打着朵儿的，正如一粒粒的明珠，又如碧天里的星星，又如刚出浴的美人。微风过处，送来缕缕清香，仿佛远处高楼上渺茫的歌声似的。

这段描述出自著名散文家朱自清的《荷塘月色》，其中的表象成分很突出，除了“物象”之外，还有味觉之“象”——“微风过处，送来缕缕清香”和听觉之“象”——“仿佛远处高楼上渺茫的歌声似的”。

显然，在言语交际中，话语能够激活人的感觉经验，这些感觉经验在话语中成为其意义的构成成分。

3.3.5 不同意义成分在话语意义建构中的地位

以上我们讨论了话语意义的四种构成成分，这是从分析的角度看问题。在实际的言语交际行为中出现的话语意义是各种意义成分的综合，并以整体的方式存在于言语交际行为中，如下面所示：

话语意义｛表意成分｜表事成分｜（表情成分/表象成分)｝

话语意义中，各种构成成分的地位并不平等。其中，表意成分和表事成分是必有的，而表情成分和表象成分则是可选择的。表意成分和表事成分是更为基本的东西，表情成分和表象成分渗透在它们之中。当然，这样说并不意味着在言语交际行为的认知加工中先处理前两者，再处理后两者（如果有的话）。实际上，这些意义成分是被同时加工处理的。

3.4　话语意义是以意图为核心的认知建构

动态地看话语意义，它不是先于言语交际行为存在的，而是在言语交际行为中建构的。先于特定言语交际行为存在的是交际意图，这是言语交际行为发生的动机，也是话语意义建构的基础。交际意图是核心，话语意义是主体围绕这个核心建构出来的。

3.4.1　言语意义与言语交际目的

言语意义是什么？言语交际的目的又是什么？这两个问题在以往的研究中都讨论过，或者更严格地说是被分别讨论过。关于言语意义，早些时候的研究把它等同于语言意义，直到语用学的兴起，人们才真正认识到言语意义不能等同于语言意义，还有“言外之意”或“会话含义”的存在。于是，一些学者将言语意义分为“字面意义”和“会话含义”两种，重点讨论了会话含义及其推导。关于言语交际目的，传统的语言学研究将其放在句子的用途中去解释或在解释修辞现象时提一下，像一般常说的句类“陈述、疑问、祈使、感叹”等，就涉及言语交际目的。由于传统语言学关心的是句子结构，因此对言语交际目的的解释只从形式方面出发，既不全面，也不深入。

对言语意义和言语交际目的的研究，其薄弱的地方还表现在没有抓住两者的关系。上边我们说“被分别讨论过”就是这个意思。研究者自觉或不自觉地割裂了它们的联系，意义是意义，目的是目的，没有将二者统一到话语意义中来。直到奥斯汀提出言语行为理论，情况才有了改观。奥斯汀认为，言语的符号不仅具有表层的意义（即“言之所述”），而且有“言之所为”和“言后之果”。“言之所为”就是用言语做了什么，实施了什么行为。“言后之果”就是用言语实施了某种行为所产生的结果。比如，某人说“你晚上有事么?”，单从言语表层看是向对方提了个问题，即“言之所述”；但透过言语形式的表面，在特定的交际环境中，该提问是向对方发出了某种邀请，这就是“言之所为”。当这个邀请被对方识别后，会产生“言后之果”：接受或者谢绝。虽然奥斯汀的后继者塞尔将奥斯汀的理论发展成言语行为理论，把言语行为三分变为直接言语行为和间接言语行为的两分，但把言语交际的单位看做行为而不是句子，则始于奥斯汀。按照奥斯汀的思路，言语交际的意义就不能单纯地理解为句子的意义，而是整个言语交际行为的意义。在奥斯汀看来，言语交际行为中更重要的是由言语实施的行为，而不是句子的“意义”。

将言语交际的单位概括为言语行为符合语言使用者对语言的经验把握，也符合理论家对语言的认识。我们知道，无论理论家们对语言作出过什么样的、互有差别的理论界定，但均不否认语言是人类重要的交际工具。作为交际工具的语言被使用的时候，必然有其被使用的理由，即我们用它做什么或能做什么。如果语言不能帮助人做任何事情，它就不会被人们发明和使用。语言可以帮人做点什么，这是语言产生的根本原因，也是语言的全部价值所在。失去了这个价值，语言就无从产生，存在了的语言也会消亡。纵观古今中外，语言消亡的例子并不少见，即便在当代，语言仍然在继续消亡，以致许多语言学家和人类学家大声疾呼：抢救濒临消亡的语言。其实，即便能够按照这些专家的意愿抢救出来某些濒临消亡的语言，那些被抢救出来的语言也只能是一种语言的标本，而不再是昔日那种活的语言了，因为它们已不再是人的交际工具，人们不需要用它们去完成交际的行为。失去交际价值的语言，消亡是不可避免的。对语言来说，能帮助人们来完成某种行为是更为根本的东西。对使用语言——言语交际行为来说，特定的交际目的就成了言语交际行为的核心，说话人的言语表达围绕这个核心，听话人的言语理解也是在追寻这个核心。

言语交际行为涉及下面几个方面，孙维张概括为[①]：① 言语交际行为的主体——说话人和听话人；② 言语交际行为的环境；③ 言语交际行为的目的；④ 言语交际行为的手段，即语言形式。主体是言语交际行为的参与者；环境是言语交际行为发生的背景，任何言语交际行为都

① 孙维张．汉语社会语言学．贵阳：贵州人民出版社，1991．81～90

是特定环境中的行为，离开了环境就没有言语交际行为；目的是言语交际行为的启动因素和终极目标，没有无目的的言语交际行为；语言形式是目的的实现手段，是言语交际行为主体相互连接的外在手段。上述四个方面可以看做言语行为构成的四个要素，其中的每一个要素都与其他要素紧密相关。尽管上述四个要素中的每一个要素都可以成为单独的论题，但无论从言语的表达还是言语的理解方面看，言语交际的目的都具有突出的地位，因为其他的三个要素都是为了言语交际目的才存在的，是言语交际目的将它们凝结在一起。说话人和听话人是为了特定交际目的才发生言语交际关系的——说话人表达特定的交际目的，听话人理解出这个目的；言语交际行为的环境和语言形式是为特定交际目的的实现服务的。对说话人来说，它们是交际目的的某种“表现”；对听话人来说，它们是理解特定交际目的的线索。

交际目的是言语交际行为的核心，目的实现了，言语交际行为就宣告完成。那么，这样说是不是就意味着交际目的和言语交际意义等同呢？当然不是。在下面的例子中我们会看到，言语交际目的是相同的，但存在着某种意义方面的差别。

(27) 甲：明天一起去游泳？

乙：恐怕不行。

丙：我明天有点儿事。

对例(27)中甲的两种回答，目的是一样的，都是谢绝，但丙比乙要委婉得多。这种委婉带来的含义并不是直接的交际目的，但却是和交际目的相伴的意义。正是在这个意义上我们可以说，类似上面乙和丙这样的话语，目的相同，但言语意义不同。

我们说交际目的不等于言语意义，仅仅在于说明：在言语交际行为中，言语的意义除了交际目的以外，还有和交际目的相联系的一些意义，而不是说交际目的独立于言语意义之外。鉴于“交际目的”和“言语意义”这两个术语可能会引起不同的理解，为了清楚起见，我们用“话语意义”来指称言语交际的意义，用“交际意图”来指称言语交际的目的。在言语交际中，话语意义既包含有意图，也包含与意图相关的意义。

3.4.2 交际意图

交际意图是言语交际行为的目的，也是言语交际行为的动机。一般来说，任何言语交际行为都是有交际意图的。交际意图是构成话语意义的基础和核心，要了解话语意义就要了解交际意图。

交际意图就是说话者的内在动机，动机来源于人对需要的满足。说话者有某种需要想满足会形成交际意图并通过语言将其表达出来，以求得听话者理解他的意图从而满足他的需要。交际意图由两部分组成：意向和意向内容。意向决定了交际意图的性质，意向内容是某种性质意向的具体对象。我们用下面的图式来表示交际意图的结构：意向［X］

图式的意思是：主体有关于“X”的意向。“X”是意向的内容，决定交际意图属性的是意向而不是内容。

我们认为交际意图也可看做认知图式。图式不纯粹是为了研究的目的而构建的东西。认知心理学认为：“图式是人脑有组织的知识结构，涉及人对某一范畴的事物的典型特征及关系的抽象，是一种包含了客观环境和事件的一般信息的知识结构。它是围绕某个主题组织起来的认知框架或认知结构。”① 图式是整体主义的认知模式，所谓整体主义就是人们对对象的认知不是单纯地从部分到整体的分析模式，还利用人们业已形成的有关事物对象的整体经验模式认知对象。交际意图构成整体的认知图式，从交际的认知图式出发，可以快速有效地理解言语交际行为。

根据意向的不同性质，交际意图可以分为各种具体的交际意图认知图式。

（一）告知图式。告知就是交际主体将某种信息告诉对方，其意图图式为：告知［X］

“告知”是意向属性，“X”是告知的内容。所有的“告知”都可以理解为“我告诉你”②。下面的汉语例子都是告知意图的：

---

① 梁宁建．当代认知心理学．上海：上海教育出版社，2003．206

② 这里说的“我告诉你”指的是内在心理意图，不是外在的语言表现。研究语言无法避免的困境就是总要用目标语解释目标语，因为目前还没有一种能用来描述语言的“元语言”。

（28）明天多云转晴。

（29）华威先生猛地跳起来了。

上述两例都是告之意图的言语交际，虽然出现的仅仅是图式中的意向内容（其意向属性是自明的）。言语交际经验表明：在言语交际行为过程中，如果话语形式标识不是把某个交际意图的整个图式都表现出来，那么表现的那部分一定是意向内容。尽管意向内容是靠意向属性才有意义的，但只出现意向属性却无法完成言语交际的任务。假如言语交际中，说话人只说“我希望”、“我告诉你”这样的意向，听话者一定会期待着他说出意向内容，否则就不明白说话者的意思。

语言学中经常使用判断、描写和叙述这样的概念指称不同的语句或功能。从交际意图的角度看，判断、描写和叙述都是告知。判断是告知“某个对象是什么”；描写是告知“某个对象怎么样”；叙述是告知“发生了什么”。我们可以把这些看做是告知意图的不同种类，这样做的好处是：当人们知道是哪一种告知意图时，将会对话语意义的理解有很大的帮助。下面是判断、描写和叙述三种意图图式：

1. 告知判断图式：告知［某个对象是什么］

（30）他是新来的校长。

2. 告知描写图式：告知［某个对象怎么样］

（31）湖面很大，在月亮下闪着银光，把周围的一草一木都映射得特别清楚，就像神话里的一面巨大的宝镜。

3. 告知叙述图式：告知［发生了什么］

（32）于明诚颇不情愿地躺在地排车上，儿子于大川拉着，文化馆李书记在一侧扶着，慢慢悠悠地出了医院。

判断、描写和叙述只是个概括的说法，每一类都可能包含小的告知种类。比如判断和描写中就可能包括了评价与说明；叙述又可细分为动作的叙述和时间的叙述等。但不管多么复杂，从言语交际意图看都是一种告知。

（二）请求图式。请求就是要求对方做或不做什么，其意图图式为：请求［X］

该图式中，“请求”的意向可以有程度的差别，如“命令”、“要求”等。意向内容“X”有肯定和否定两种：前者是要求对方从事某种行为，后者是要求对方不从事某种行为。下面是汉语表现请求意图的例子：

(33) 请替我转告一下……

(34) 禁止吸烟。

语言学中经常用“命令”、“祈使”的概念谈论请求的意图。其实，“命令”、“祈使”都是请求意图。除此以外，从言语交际行为的意图看，“提问”也是一种请求。语言学研究中经常把“疑问句”、“命令句”和“祈使句”并列在一起，那是从语言结构形式的角度出发的。若从言语交际的意图出发，提问也应该归结为一种请求，因为提问的意图在于索取信息，即“要求对方告知”。也就是说，提问是要求对方从事一种告知行为。按照意图图式，我们可以将“提问”表示为：请求｛告知[X]｝

(35) 甲：明天下午的课在哪个教室？

乙：三教一阶。

甲要求乙告知“上课的地点”，乙的回答满足了他的要求。当然，有的提问是请求对方实施一种非告知的行为，与上面的图式不同。如：

(36) 甲：带着笔吗？

乙：给你。

经验告诉我们，例(36)中甲的提问并不是请求对方告知什么，而是请求对方借给他笔，这从乙的回应可以看得清楚。要注意的是，例(36)中乙那样的回应有一个前提：他是“带着笔的”。缺少这个前提，乙的回应就变成一种“告知”了，比如说“没带”。在言语交际中，采取例(36)的方式表现请求的意图涉及言语交际途径的问题，后面我们将会谈到。

(三) 意愿图式。意愿就是表明说话者的愿望，包括意志、希望和承诺等等。意愿的意图图式为：意愿[X]

“意愿”是意向属性，“X”是意愿的内容。比如下面的例子：

(37) 今年一定要把产量搞上去。

(38) 我会在晚上六点等你的。

(39) 以后也能住上那么大的房子该多好!

例(37)是“意志”,例(38)是“承诺”,例(39)是愿望。意愿有不同的种类,表现为不同的意图图式:

1. 意志图式:我要 [X]

2. 愿望图式:我希望 [X]

3. 承诺图式:我保证 [X]

(四) 情态意图。情态意图指的是表达言语交际主体情绪、感情等心理状态。例如:

(40) 秋天,这北国的秋天,若留得住的话,我愿把寿命的三分之二折去,换得一个三分之一的零头。

(41) 哎呀!吓死我了!

例(40)表达了主体对“北国秋天”的眷恋之情;例(41)表现了主体在遇到突然事态时的情绪状态。传统语法研究中的感叹句一般指表达感情的句子。实际上这种说法比较笼统,因为几乎所有的语句都可能有情感的东西在里面,因此,我们倾向于认为“只有专门抒发感情的句子才是感叹句”[①]。言语交际的情态意图就是以表现情态为唯一交际目的的。情态意图可以表示如下:情态 [X]

(五) 宣告意图。宣告介于告知和命令之间,其意图就是通过话语改变事物的某种状态。下面的例子都是宣告意图的:

(42) 我代表学校宣布:授予张海同学“学雷锋标兵”称号。

(43) 我宣布:第二十六届大学生运动会开幕!

例(42)中的话说了,那个“张海”就获得了“学雷锋标兵”的称号,例(43)中的话语使运动会开始举行。宣告意图一般都有明确的话语形式标志,如“宣布”等。宣告意图可以表示如下:宣告 [X]

上面我们概括地描述了交际意图的几种主要类型。很显然,这些描

① 孙维张,吕明臣. 社会交际语言学. 长春:吉林大学出版社,1996. 305

述是借鉴了言语行为理论（尤其是塞尔的观点）。不过，言语行为理论所说的“断言类”、“指令类”、“承诺类”、“表达类”和“宣告类”是从言语行为角度出发的，是对言语交际实施行为的一种概括。而在我们看来，言语行为是由多种要素构成的行为，其核心是交际意图，因此用“承诺”、“宣告”等概念概括交际意图更为合理。当然，我们已有的概括并没有穷尽人们言语交际意图的全部，比如“问候”、“致歉”等就没有包括在内。从理论上说，人有多少需求需要满足就有多少意图，对这些意图的概括有个概括标准和概括层次的问题。概括层次是说有关交际意图的概括可以逐级进行，高一层级的概括包含低一层级的交际意图，如我们上面描述的那样。至于标准可能很复杂，需要更仔细的研究才能给出一个合理的解释。

关于交际意图的图式还应该申明一点：我们所力图描述的是意图的一种内在认知结构，而不是外在的语言表现。意图的认知结构一定包括意向和意向内容两部分，而意图的语言表现则是另一回事。上面举的例子已经使我们看到，意图的意向属性常常是不用言语形式来表现的，而是隐含的东西。或者引用奥斯汀的术语，意向属性可以用“程式化”的语言来表达，也可以不用。言语交际行为是要表现意图的，但将内在的意图结构外化为言语表现时却不那么简单，如何用言语形式表现交际意图是主体在言语交际行为中要处理的核心问题。

3.4.3 核心意义和衍生意义

言语交际行为都是有意图的，意图是话语意义的重要部分，可以看成是话语意义中的核心意义。核心意义至关重要，离开了这个核心，话语意义就不复存在，因为言语的表达是为了这个核心意义，言语的理解也是要寻求这个核心意义，话语意义因此而产生。奥斯汀的“施为行为”、塞尔的“间接言语行为”和格莱斯的“会话含义”其实都与交际意图有关，只是他们都没有从话语意义的整体角度看问题。前面我们曾经提到，交际意图是内在的、心理的，言语交际行为就是要将这个内在的、心理的交际意图用言语形式表现出来。用言语形式表现交际意图并不是简单、直接的，而是一个较为复杂的过程，比如同一种交际意图可能有不同的言语表现方式。下面再看一个例子：

(44) a. 同志，去火车站怎么走？

b. 同志，知道火车站在哪儿吗？

c. 同志，我想去火车站……

上述三种言语表现，尽管方式不同，但表达的是同一个交际意图：请求对方告诉去火车站的路。交际意图相同而言语表现不同，这体现了言语交际行为的复杂性和丰富性。例(44)a是较为简洁的表现，直接说出意向内容；例(44)b没有直接说出意向内容，而是指向了说话人对于听话人能否满足说话人交际意图的预设。一般来说，当言语交际的意图是“请求对方做或不做什么”时，说话人具有两个交际的认知假设：听话人具有满足请求意图的意愿；听话人具有满足请求的能力。只有当这两个假设同时是肯定的存在时，请求的意图才能实现。如果说话人认知到听话人不具备上述两个假设中的任意一个，就不会向听话人表达交际意图，言语交际行为就不会发生。现实的言语交际行为中往往会有这种情形：说话人在选定听话人时作出了上述两点认知假设，但实际上听话人并不愿意或者没有能力满足说话人的请求意图，这样就会导致交际的失败，有时会造成交际的尴尬。因此，为了有效的交际或者当说话人为了避免言语交际行为中的尴尬，就会通过用言语表达这些认知假设来表达自己的交际意图。作为听话人，如果他符合上述说话人对他作出的假设，就会直接辨认出说话人真正的交际意图从而满足这个意图（除非故意绕舌头），否则，他就会取消说话人言语交际的意义，如例(44)b可以回答说“不知道”。例(44)c更复杂一些，说话人仅仅表达了自己的一个意愿，在特定的交际环境中（比如在路上），听话人一定明白说话人的意图是问路。之所以如此是因为在双方的知识结构中都可能存在着这样的认知图式，想去某个地方，一定有目的、有理由、有路线、有方式等等。在问路这个特定的情境中，上述图式被激活突显出来的一定是关于路线或方式的部分。这样听话人就可以作出假设并推断出说话人的请求意图。换一个情景，同样的话就可能激活认知图式的其他部分，使听话人推断出另外的交际意图。

对比一下例(44)的三种话语，不难明白其话语意义的差别。既然三种话语所表现的交际意图相同，那么造成各自话语意义不同的又是什么呢？显然是表现言语交际意图的不同方式。用不同的方式表现相同的交际意图，其话语意义就会有差异，这种差异必然包含在话语意义之中，成为话语意义的一部分。前面说过，交际意图是话语意义的核心，那么这种由表现交际意图的方式所带来的意义就可以看做衍生的意义。

话语意义可以分为核心意义和衍生意义，但两者的地位不同：核心意义是话语意义的基础，衍生意义建立在核心意义的基础之上，没有核心意义就没有了衍生意义。在特定言语交际行为中，对特定的说话人来说，核心意义是先于他的表现方式而出现的，也就是说，先有交际的意图，而后才有表现交际意图的交际方式。相对而言，衍生意义则在表现特定的交际意图过程中出现，是环绕着核心意义的意义。这样说并不意味着衍生意义可有可无，因为任何交际意图都一定有表现的方式，也就一定有衍生意义，差别仅仅在于多或少，明显或不明显。像例(44)a，看起来其衍生意义就比例(44)b和例(44)c少且不明显，所以很多研究者把它看做一般的“字面意义”，没有所谓的“会话含义”。其实这样的看法并不适当。从系统的角度看，在表现相同的交际意图的诸多方式中，相对于有所谓“会话含义”(或“言外之意”)的表现方式来说，那些没有的——也就是“字面意义”，也具有其交际意图以外的意义。例(44)a就因其具有直白、不委婉的衍生意义而与例(44)b和例(44)c构成系统差异。话语意义是个整体，核心意义和衍生意义是不能割裂的，没有专门表现交际意图的所谓“字面意义”，要表现交际意图就一定会带来衍生意义。

3.4.4 话语意义是围绕交际意图的认知建构

前面我们谈到，话语意义包括核心意义和衍生意义两部分，核心意义就是交际意图，衍生意义是言语交际主体在表现和理解交际意图的过程中出现的。话语意义作为整体不是静态地存在着，不是先于言语交际行为就存在着，而是在言语交际行为的过程中建构出来的。一般经常说言语交际就是用语言表达意义，然而表达并不就意味着先明确了话语意义而后选择语言形式去“包装”这个意义，理解的一方再打开语言形式的“包装”看到这种意义。我们理解的“表达”应该是一种意义的建构过程。如果把言语交际看做一种信息加工的认知活动的话，那么话语意义就是在言语交际行为主体的认知加工活动过程中建构出来的。

言语交际行为作为一种认知加工过程，除了关于语言结构（语音、词和句子）自身的认知加工外①，还有一个重要的问题，即如何理解和表达交际意图。我们已经知道，交际意图是言语交际行为的动机和核心，说话人是因为这个动机才“实施”言语交际行为并围绕这个核心选择言语交际形式。听话人参与言语交际行为是通过由说话人输入的言语交际形式寻找或辨认出交际意图。在这个认知加工过程中，说话人选择言语交际形式表达交际意图，听话人通过这个形式理解交际意图。不过，我们应该将说话人的表达看做对交际意图的一种“提示”，而不是“整体包装”。上面的例(44)已经表明：同一个交际意图可以有不同的表现方式，这些不同的表现方式都可以看做对交际意图的不同“提示”。从听话人的角度看，理解言语交际行为就是通过言语交际形式寻求交际意图，言语交际形式是寻求的“线索”而不是可以将其“剥开”就能找到内在交际意图的“外在包装”。我们用“提示”和“线索”这两个概念意在表明：在言语交际行为这个认知加工过程中，言语交际形式不是孤立地用来表达和理解交际意图的东西，言语交际经验和学者的研究都已经表明：在言语交际的过程中，除了言语交际形式以外，还有相关的其他要素——交际情景、背景知识等（斯波珀和威尔逊称之为“认知语境”）参与了话语意义的表达和理解。这些认知语境在言语交际的认知加工过程中起到了很大的作用，交际意图的表现在特定的认知语境中实现，交际意图的理解也是在特定的认知语境中完成。“提示”只是突显了包含有交际意图在内的认知语境的某一部分，由此才成为理解或寻求交际意图的“线索”。“线索”的作用是在认知加工中将主体带入特定认知语境中从而找到交际意图。下面我们以具体的言语交际实例看一下说

① Milton K. Munitz. 当代分析哲学. 吴牟人等译. 上海：复旦大学出版社，1986

话人是如何“提示”、听话人是如何通过这种“提示”（即“线索”）寻求交际意图的。

(45) 甲：你什么时候回北京？

乙$_1$：明天上午。

乙$_2$：你不用知道。

乙$_3$：不想告诉你。

乙$_4$：还没定。

如果说话人甲的交际意图是请求对方告知他信息，可表述为：请求{告知［回北京的时间］}

那么，除了交际双方都具有所使用语言本身的知识外，甲在将这个交际意图提示出来时至少还具有下述认知语境：

① 甲和乙关系很好，至少在说话的时刻如此。

② 甲有理由或权力请求对方满足他的要求。

③ 甲知道或者假定了乙愿意满足他的请求。

④ 甲知道或者假定了乙有能力满足他的请求。

说话人甲的言语交际形式如果能激活听话人乙和甲相同的认知语境，就会辨认出交际意图并作出满足交际意图的回答。如果乙被激活的认知语境只是和甲大致相同，虽能辨认出甲的交际意图，却不能满足这个交际意图：如回答“你不用知道”就指向②的否定方面；回答“不想告诉你”指向③的否定方面；回答“还没定”指向④的否定方面。

(46) 甲：你什么时候回北京？

乙$_1$：不希望我多待几天啊？

乙$_2$：撵我走啊？

乙$_3$：烦我了吧？

乙$_4$：哦，是该走了，打扰了这么多天。

例(46)中甲的交际意图是请求对方快离开或者希望对方快离开，可分别表述为：请求［快离开］或意愿［对方快离开］

说话人甲的相关认知语境至少有：

① 甲和乙的关系不是很近，至少发生言语交际的时刻是这样；

② 所谈话题敏感；

③ 乙很在意自己的面子；

④ 乙没说过要近期离开；

⑤ 乙应该离开了；

⑥ 由于一些原因，讨厌乙再待下去。

甲之所以选择那样的言语交际形式提示出他的交际意图，至少是在这些认知语境的基础上作出的。如果甲用来提示交际意图的言语交际形式能激活听话人乙的和甲相同或大致相同的认知语境，根据这个线索，乙就会理解说话人的交际意图。例(46)中乙的几种回答证明了这一点。

有时说话人提示交际意图的言语交际形式可能会同时激活听话人不同的认知语境，听话人根据不同的认知语境可能理解出不同的交际意图。这样一来，听话人就会遇到理解的困难。如下例：

(47) 甲：你什么时候回北京？

乙：怎么问这个？

乙的回答表明他对甲的意图不清楚，或者怀疑甲的某种意图。无论是哪个，都促使乙去询问（有时是证实）甲的交际意图。

在言语交际行为中，由于有认知语境的存在，使主体选择言语交际形式提示或理解交际意图变得灵活和复杂。如下例：

(48)（甲和乙一起散步）

甲：我有点累了。

乙：那我们回去吧。

例(48)中甲的意图可能是两个：一个是向对方表达一种愿望，即“我想休息”；另一个是请求——“我们回去吧”。两种意图图式为：

愿望：我想 [休息]

请求：请求 [结束散步回去]

在言语交际中，上述两种交际意图要用同一种言语形式提示出来，交际主体至少存在如下认知假设：

① 甲和乙的关系并不是总可以直言相告的那种，或者双方都很看重面子；

② 甲和乙都有这样的知识：

a. 身体累了就需要休息；

b. 散步的过程中，要休息可以有两个选择：就地找个地方休息或者结束散步，回去休息；

③ 甲知道乙喜欢散步，至少说话的此刻还没有尽兴。

例(48)甲的话源于上述认知假设，同时激活乙同样的认知假设。正因为如此，乙才能识别甲的意图。从乙的回答看，他将甲的话理解为请求，或者说乙从甲说出的话语形式线索中寻找到的交际意图是请求，所以才作出了上面的回答。其实这样的回答也是可以从两方面理解的："我们回去吧"也间接表明了"回去休息"的意思，满足了甲的愿望。当然，如果乙理解出的意图只是愿望，在上述认知假设②b中，还可以选择"寻找休息的地方"来回答。因此，如果甲的交际意图是意愿，乙回答"我们找个地方坐会儿"仍然满足了甲的意图。

上述所举例子都是成功的言语交际行为，听话人似乎不费力气就迅速识别了说话人的交际意图，一般意识不到有意图识别的过程。而在一些较为复杂的交际行为中，就有可能使我们观察到听话人寻求交际意图的过程。如：

(49)（甲去拜访乙，在乙的一个装有空调的房间里谈话，房间很热）

甲$_1$：今天很热啊！

乙$_1$：是啊，天气预报说零上28度呢。

甲$_2$：能打开空调吗？

乙$_2$：好。我去开空调。

乙$_3$：是啊。我去开空调。

例(49)中甲的交际意图是：请求［将空调打开］。如果乙识别了这个意图，就会说出乙$_3$或直接去开空调。但乙开始并没有正确识别甲的交际意图，故说了乙$_1$。由于乙$_1$没有满足甲的意图，迫使甲又说了甲$_2$，明示了自己的交际意图，于是才有了乙$_2$。

对这些言语交际实例的分析表明：交际意图的表达和理解是言语交际行为的核心，围绕交际意图说话人选择用来"提示"的话语形式，听话人根据这种“提示”进行辨认。在说话人的提示和听话人的辨认这个互动过程中产生了以交际意图为核心的衍生意义，从而使整个话语意义得以建构出来。前面我们曾说，话语意义的核心部分——交际意图是先于话语形式存在的，相对于衍生意义而言，交际意图似乎是一种静态的东西。其实也并不完全如此。当交际意图进入言语交际过程（也就是进入认知加工过程）中时，它也处于一种动态的过程之中。说话人对交际意图进行认知加工（即选择话语形式表现交际意图）时，就按照某种方式“处理”了交际意图。假定交际意图已经形成，说话人在进入言语交际过程中时对交际意图的认知加工处理主要不是针对交际意图本身，而在于用什么样的话语形式将交际意图表现出来。听话人的认知加工表现在当他接受到源于说话人的刺激——特定的话语形式时，他就会以此为线索寻求交际意图。

在言语交际行为中，交际意图并不是孤立地、赤裸裸地呈现出来，它总是伴随着某种话语形式的呈现而使交际意图的呈现过程弥漫着一些衍生的意义。话语意义不是由说话人单方面提供的，而是在说话人和听话人围绕交际意图的认知加工过程中建构出来的。

第四章　话语意义建构的相关要素、原则和途径

我们在前一章的讨论中认为，交际意图是话语意义的核心，话语意义是围绕交际意图建构起来的。在言语交际中，说话人围绕交际意图选择话语形式去“表达”，听话人通过话语形式“理解”交际意图，话语意义正是在这个过程中建构的。显然，这样的讨论涉及交际意图和话语形式的关系这个问题。事实上，言语交际行为中无论是说话人还是听话人，他们的认知加工都是围绕着交际意图和话语形式的关系进行的，言语交际行为就是主体处理交际意图和话语形式之间关系的行为。因此，研究话语意义建构就要从交际意图和话语形式的关系入手，这种关系是话语意义建构的核心问题，抓住这个核心才能解释话语意义的建构。

语言具有任意性，这种特性不仅体现在语言结构上，也体现在语言的运用方面：用什么样的话语形式表现什么样的交际意图不是必然的，而是或然的、可选择的。言语交际的这种可选择性为话语意义的建构提供了可能的空间。假如没有选择性，交际意图和话语形式就是同一的了——话语意义就是交际意图，交际意图就是话语意义。如此一来，主体对话语意义的认知加工就成为简单的符号转换，“建构”的问题将不复存在。所谓“建构”就是“选择”，说话人从特定的交际意图出发选择话语形式，听话人从被说话人选择并给定的话语形式出发选择特定的交际意图。话语意义就在说、听双方的这种选择中生成的。从当代认知心理学的角度看，主体对话语意义的认知加工不是简单的符号转换，而是体现为一种创造性的建构。

然而，言语交际中主体的选择并非是绝对自由，他们必然要受到许多相关因素的制约，“选择”可以理解为是这些相关因素平衡的过程。

相关要素的平衡是在一些“选择原则”的指导下进行的，这些原则是主体选择的认知策略。主体的认知策略决定了话语意义认知加工过程中相关要素的取舍和平衡。言语交际主体根据选择原则对相关要素的选择和平衡最终是通过一定的途径实现的，这些途径规定了话语形式标识和交际意图的连接关系。相关要素、选择原则和实现途径是决定话语意义建构的三个重要方面。在言语交际行为中，言语交际主体的认知加工集中体现在这些方面。

4.1　相关要素及其关系

人们的经验表明：言语交际行为中，主体对话语意义的建构受到一些相关要素的影响或限制。用心观察一下下面的例子：

(1) 甲：我想明天去游泳……

乙：是么？早知道我就不答陪妈妈上街了……

甲的交际意图是“邀请对方一起去游泳”，之所以采取了现在这样的话语形式（表面看起来表达的是一种“愿望”），至少受下面几种因素的影响：

① 特定的交际情境；

② 甲和乙之间的关系状况；

③ 甲对乙的能力等的认知；

……

乙的交际意图是“拒绝”或“告知无法接受邀请”，选择的回应形式与上面的因素也不无关系。

以往有关话语和言语交际的研究也都考虑到了影响话语形式的一些要素，其中谈得最多的是语境因素。无疑，这些研究将构成我们下面讨论该问题的一些基础，不过我们的讨论在出发点上有别于以往的研究：第一，这些要素不是外在于主体的客观的东西，而是内在于主体的主观的东西，是被主体认知到的；第二，这些要素不是绝对静止的（而是动态的），是随着言语交际的进程而变化着的。在实际的言语交际行为中，影响话语意义建构（即主体认知加工）的因素很多，以下我们将对其主要的因素作出概括性的描述。

4.1.1 交际意图的类型

在言语交际行为中，交际意图是核心，它一定以某种方式被话语形式“表现”。话语形式可以看成是交际意图的一种标识，言语交际主体对话语形式的选择必然受到交际意图的影响和制约。交际意图源于人的生活需要，是人在长期的交际实践中形成的交际意识。交际意图有不同的类型，不同类型的交际意图决定了话语形式选择的差异。具体来说，交际意图类型的不同影响了主体以什么方式、选择什么样的话语形式来标识交际意图。

交际意图类型的影响首先表现在“语言结构化”方面。“语言结构化”是指交际意图外化为特定的语言结构形式。也就是说，语言发展出许多表现不同交际意图的固定形式，相当于奥斯汀所说的“程式用语”。这些“程式用语”是人的认知成果在语言中“固化”的结果。交际意图在语言上的“结构化”主要有两类：一类是词汇化，如汉语用“请”、“命令”等词标识“请求”的交际意图；用“保证”、“希望”等词标识“意愿”的交际意图；用“告诉”、“宣布”等词标识“告知”、“宣告”的交际意图等，不同类型的交际意图都有相应的词汇形式。另一类是语法化。不同的交际意图类型都有相应的语法结构形式，如陈述句、疑问句和祈使句等。当某类交际意图被词汇化或语法化后，一些特定的语言结构成分就成为某类交际意图明显的、固定的话语形式标识，并且成为主体内在语言结构知识的一部分。

其次，交际意图类型影响话语形式标识的方式。我们知道，言语交际中话语形式和交际意图并没有简单的对应关系，即使是使用结构化了的话语形式标识也是如此。如下例：

(2) 我告诉你呀，那样做会得罪人的。

上例中使用了“告知”意图的词汇化形式标识“告诉”，但实际上例(2)的交际意图是“请求［不做某事］”。因此，特定的话语形式标识“提示”什么交际意图要根据具体的言语交际行为状况而定（言语交际的具体情景、主体的状况等）。

在具体的交际中，某种话语形式标识什么交际意图，除了其他要素

能适应的话语形式而使交际意图得到有效的标识；或者根据主体的认知，预测对方的交际意图并通过话语形式寻求其真正的交际意图。

言语交际是一种互动行为，言语交际双方的关系对交际行为至关重要，主体间关系状况不同对话语的选择和理解也就不同。主体各自的状况对言语交际的影响也往往从主体的相互关系中体现出来。在言语交际行为中，主体间的关系包括三种：社会关系、情感关系和话语关系。社会关系是指由血缘、业缘和地缘等因素产生的关系；情感关系是一种心理关系，是主体在心理上的接近程度；话语关系是人进入交际状态后形成的当前交际关系[①]。在特定的言语交际行为中，各种关系都会被带进交际中来，部分或综合地发挥作用。诚如英国著名功能学派语言学家韩礼德(M. A. K. Halliday)所说："人际成分是语法中与人际参与有关的部分，是表达情景中说话人的角色、个人情感以及与他人的相互作用的。[②]"因此，参与交际行为的主体能否认知交际行为中主体间的关系状况是有效选择和理解话语的重要条件。下面是著名剧作家曹禺《雷雨》中的一段对白，可以印证上面的观点。

(4) 鲁　贵　太太，您好。

周繁漪　（惊奇）你来做什么？

鲁　贵　（假笑）给您请安来了。我在门口等了半天。

周繁漪　（镇静）哦，你刚才在门口？

鲁　贵　对了。（诡秘地）我看见大少爷正跟您打架，我——（假笑）我就没敢进来。

周繁漪　（沉静地，不为所迫）你来要做什么？

鲁　贵　（有把握地）我倒是想报告给太太，说大少爷今天晚上喝醉了，跑到我们家里去。现在太太既然是也去了，那我就不必多说了。

周繁漪　（嫌恶地）你现在想怎么样？

鲁　贵　（倨傲地）我想见见老爷。

① 孙维张，吕明臣．社会交际语言学．长春：吉林大学出版社，1996．160～161

② 彭宣维．语言的过程与维度．北京：清华大学出版社，2002．27

周繁漪　老爷睡觉了，你要见他什么事？

鲁　贵　没有什么，要是太太愿意办，不找老爷也可以——（意在言外地）都看太太怎么办了。

周繁漪　（半晌，忍下去）你说吧，我也许可以帮你的忙。

鲁　贵　（重复一遍，狡黠地）要是太太愿意做主，不叫我见老爷，多麻烦。那就大家都省事了。我们只求太太还赏饭吃。

周繁漪　（不高兴地）你，你以为——（缓缓地）好，那也没有什么。

鲁　贵　（得意地）谢谢太太。（伶俐地）那么就请太太赏个准日子吧。

周繁漪　那就后天来吧。

鲁　贵　（行礼）谢谢太太恩典。

《雷雨》中，鲁贵是周家的佣人，曾经被周家辞退；周繁漪是周家的太太。本来周、鲁两个人是主仆关系，但当鲁发现了周太太和大少爷的私情并且周知道鲁发现了她们的私情后，两个人的关系发生了变化：曾经有的主仆关系变成了被要挟和要挟的关系；周的主人身份丧失，变成了被要挟的对象；鲁的仆人身份也失掉了，变成了要挟者；双方的地位由不平等向平等方向转化了。从上面的对白中我们不难看出交际双方对彼此关系的认知对言语交际的影响。

社会语言学家经常谈到主体对言语交际行为的制约问题，但忽视了重要的一点，即主体之所以会有这种制约作用是因为主体的认知。主体的状况和主体间的关系是一种客观存在，但如果缺少对这种客观存在的认知，就不会对言语交际发挥作用。主体对自身、对方及相互间关系的认知成为主体经验的一部分，在言语交际中这些预先存在的知识经验可以被提取出来参与信息的加工。

4.1.3　背景知识

言语交际行为总是发生在一定的背景之下，这些背景成为广义语境的一部分。有的学者也将主体的状况看做背景，我们倾向于将主体的因素分离出去，用“背景”一词专指储存在主体记忆中的社会政治、经

济、科学、文化等知识。背景知识不仅在宏观水平上影响着言语交际行为（指特定的交际能否发生、交际风格等），也在微观的层次上制约着话语形式的选择和理解。如黄允《家事》中的对白：

（5）志英妈打纱布的结，看到罗云的破袖口："小罗，你也该成家了。"罗云笑笑，自我解嘲地："正等七仙女下凡哩。"

该例中罗云的回答是运用了背景知识（有关七仙女的传说）标识他的交际意图：①意愿［结婚］；

②告知［我的婚姻问题困难］

可见，如果说话人（罗云）不具备这样的背景知识或者他知道对方（志英妈）不具有这样的背景知识，那么就不会出现"正等七仙女下凡哩"这样的话语形式。同样地，如果听话人（志英妈）不具有这些背景知识，也就无法理解该话语形式。

事实上，背景知识就是言语交际主体的生活经验空间，言语交际不能离开这个空间，话语意义正是在这个空间中生成的。美国传播学家施拉姆（Wilbur. Shramm）和波特（Willian. E. Porter）在谈到个人传播说："所有参与者都带了一个装得满满的生活空间——固定的和储存起来的经验——进入这种传播关系，他们根据这些经验来解释他们得到的信号和决定怎样来回答这些信号。"[①] 他们用下面的图示来显示上述观点：

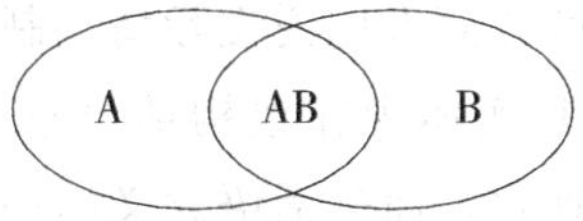

图 2　个人的传播环境

言语交际行为是一种重要的传播现象，在人际传播中尤其重要。按照施拉姆等人的解释，进入言语交际行为的主体是带有一定背景信息的，社会的政治、经济、文化等构成了主体所具有的信息的重要部分。这些信息参与了话语意义的建构。

4.1.4　交际情境

言语交际行为发生在特定的时间和空间之中，交际主体对特定时间

① 威尔伯·施拉姆，威廉·波特. 传播学概论. 陈亮等译. 北京：新华出版社，1984. 47

和空间状况的认知状态构成了交际的情境因素。言语交际的情境包括两个方面：一是主体对交际发生的时间和空间中的物理环境的认知；二是对物理环境所具有的“意义”的认知。比如在办公室谈话和在咖啡厅谈话，不仅仅是物理环境的不同，而且环境所具有的“意义”也不同：前者具有正式、拘谨和工作性的特点；后者具有随意、放松和休闲性的特点。十多年前街上有宣传计划生育的标语——“经济要上去，人口要下来”，设想一下如果将这个标语挂在殡仪馆会怎么样呢？显然，殡仪馆的环境意义“肃穆、悲伤、怀念”等和标语的意义是冲突的。时间环境一样，时间性质不同就可能意味着不同的东西。对中国人来说，10 月 1 日、9 月 18 日、农历 8 月 15 日和 12 月 30 日等都具有特殊的意义。近年来，网络和有些报刊将 4 月 1 日西方报纸登载的本来是玩笑的东西当做真实的新闻加以传播，因为他们忽视了 4 月 1 日在西方文化中的意义。总之，无论时间还是空间，在言语交际中，主体都会充分利用交际情景状况处理交际意图和话语形式标识。

交际情境在言语交际中的作用是有目共睹的，不过对交际情境作用的解释却不是一样的。受结构语言学整体理论方法的影响，一般都更看重交际情境对语句结构方面的制约作用。从语言运用角度来看，也只是强调根据交际情境理解话语意义。这样，在表达方面人们说交际情境制约了语句的选择，在理解方面人们说交际情境制约了意义的理解。我们认为，交际情境的作用其实体现在建构话语意义方面，情境不是“帮助”话语意义的表达和理解，而是话语意义的一部分。言语交际主体不是根据交际情境决定如何表达和理解话语意义，它是决定话语意义的分派。

4.1.5 *话语形式*

话语形式是言语交际凭借的手段，是交际意图（从而也是话语意义）的外在标识。斯波珀和威尔逊把话语形式看做是交际中的“明示”部分，这是很恰当的。对说话人来说，话语形式是他选择的交际意图的外在标识；对听话人而言，话语形式则是他认知交际意图的线索。在这个意义上，话语形式是连接言语交际主体的桥梁，它的作用至关重要。任何交际意图的表现都离不开话语形式，都受话语形式的约束——无论是结构化的表现还是非结构化的表现都是如此。

话语形式是语言的具体运用，语言是话语形式产生的前提。语言结构系统一方面为主体的选择提供了极大的可能性，另一方面也制约了主体的选择和理解。虽然从理论上说选择什么样的话语形式来标识交际意图有无限的可能性，但这种选择还是必然要受到语言结构系统的制约，超出了这种制约将使话语形式变得没有价值。索绪尔讲符号的任意性和约定性，在言语交际行为中任意性提供了话语形式选择的可能，约定性保证了话语形式的社会价值。言语交际行为是主体的认知加工在任意性和约定性的两极之间建立某种平衡。

4.1.6　认知能力和经验

从认知心理学和认知语言学的观点看，言语交际行为是个认知过程。因此，在言语交际行为的过程中主体的认知能力和经验就显得极为重要。缺乏必要的认知能力和经验，主体将无法在言语交际行为中有效地进行信息的加工处理。主体的认知能力包括知觉能力和推理能力。在言语交际行为中，主体的知觉能力从内容上看包括对交际主体状况及主体间关系的知觉和交际背景的知觉、交际情境的知觉、话语形式的知觉。推理能力包括逻辑推理能力和常识推理能力。主体的认知能力保证了言语交际的进行，无论是表达还是理解都是建立在对交际双方认知能力的假定基础之上的，只有这样言语交际才能获得成功。

话语意义是言语交际主体认知加工的结果，离开了主体的认知能力和经验就不会有话语意义。这样的看法并不仅仅意味着人的认知能力和经验是建构话语意义的必备“工具”，而且更为重要的是交际主体的认知能力和经验会影射到话语意义中去，成为话语意义的一部分。比如前面谈到，交际背景和交际情境都是构成话语意义的因素，之所以如此是因为交际背景和交际情境能被言语交际的主体认知到。换句话说，言语交际主体对交际背景和交际情境的知觉能力和知觉状况将影响话语意义建构的结果。

4.1.7　相关要素的关系

以上我们讨论了六种与话语意义建构相关的要素，这些要素对建构话语意义十分重要。不过对话语意义的建构来说，这六种要素并不在同一个层面上。主体的认知能力是基础和前提，前五种要素是建立在这个基础之上的，没有言语交际主体的认知能力和经验，前面的要素是没有意义的。话语意义是由言语交际主体建构的，主体的认知能力就显得至关重要。交际意图等相关的要素只有被言语交际的主体认知到才能成为建构话语意义的要素，这是关联理论对人们的启示。在关联理论之前，研究者尽管也谈语境和话语形式等，但没有强调主体对这些要素的认知，因此其理论的解释力就打了折扣。语境、话语形式等因素之所以能够制约话语意义的表达和理解，是因为言语交际主体有能力认知到它们。换句话说，如果主体没有足够的认知能力，这些要素对话语意义的建构就不会发生影响，当然也就是没有意义的。中国有句俗话叫做“童言无忌”，这是从成人的角度看问题。对儿童来说，当他认知不到某种因素（比如说特定情景的文化含义）的时候就不会制约他的表达，不是有意识的“无忌”，是没有“忌”的可能。

言语交际行为是因为交际意图才发生并围绕交际意图进行的，交际主体的认知加工要解决的核心问题是交际意图和话语形式的连接关系，话语意义正是在这样的认知加工过程中建构出来的。言语交际主体在确定特定的交际意图和话语形式的连接关系时处在各种相关要素的制约之中，其结果体现了这些相关要素的某种平衡。就话语意义的构成来说，这些相关要素分别承担了话语意义整体的某个部分，它们处在互补的关系之中。假定话语意义是一定的，那么这种互补性就体现了言语交际中意义的“分派”，这是由言语交际的经济原则决定的。

4.2 选择原则

在言语交际行为中，主体的所有认知加工努力都是围绕着交际意图和标识它的话语形式之间的关系进行的。话语形式标识和交际意图的关系不是恒定的，而是在具体的言语交际中临时建立起来的。表面看来，这样被临时建立起来的关系错综复杂，难于把握；但细心观察就不难发现，言语交际主体在建构交际意图和话语形式之间的关系时是遵循了某些原则的。这些原则表明了言语交际主体在言语交际行为中的认知策略，话语意义的建构要受到这些认知策略的影响。

4.2.1　关联性原则

“关联”的概念最早由格莱斯提出并将其作为他的合作原则的四项准则之一。斯波珀和威尔逊进一步发展了关联的概念，认为关联是话语和认知语境相关联。不过斯波珀和威尔逊的认知语境范围很大，因此话语和认知语境的关联就可能是多方面的。斯波珀和威尔逊没有具体说明话语和认知语境的“什么”关联，其关联概念还失之笼统。其实，在言语交际行为中主体要把握的一个最基本的、也是最重要的关联是话语形式和交际意图的关联。因为这一关联决定着话语形式的交际价值，从而也决定着言语交际行为的成败。其他的关联——如果有的话——也只有在这一关联的基础上才有意义。

交际意图和话语形式相关联，有的直接，有的不直接。假定选择了把某种类型的交际意图结构化了的语言成分构成话语形式，其对交际意图的关联就是直接的，如使用一些表明交际意图的词汇或语法成分“请”、“我命令”和“告诉你”等等。相对而言，不选择结构化成分标识交际意图的均是不直接的关联。当然，直接与不直接有时是相对的，有时仅仅是程度的问题，所以在实际的言语交际行为中找出话语形式和交际意图的关联并不是件很简单的事。在言语交际行为中关联是确定的，但具体哪个话语形式和哪个交际意图相关联则是不确定的，需要考虑其他的因素来认定。如下例：

(6) 甲$_1$：你那儿有钱吗？

乙：有。

甲$_2$：借我点儿。

例(6)中甲的交际意图是“请求［对方借钱给他］”，用话语形式甲$_1$标识，关联不是很直接，因为甲$_1$还可能与交际意图“请｛回答［我的提问］｝”关联。乙的回答表明他理解的交际意图是后一个，所以甲需要用甲$_2$来进一步明确自己的交际意图。言语交际行为中还有更为隐蔽的关联，需要仔细地辨认。如：

(7)（丈夫在外边吃饭，很晚了。妻子给丈夫打电话）

妻子：家里来客人了。

丈夫：谁呀？

妻子：回来就知道了。

妻子真正的交际意图是“请求［丈夫回家］”，并不是“告知［家里来客人］”。由于交际意图和话语形式的关联不是很直接，丈夫理解成（或故意曲解成）告知，妻子的下一句话就是将她的交际意图进一步明示出来。

从上面的例子可以看出，言语交际行为的核心就是处理交际意图和话语形式的关联。一旦这种关联被有效地加工，交际行为就完成，话语意义就被建构出来了。关联性是言语交际要遵守的基本原则，言语交际主体的认知加工是以关联性为基础和目标的，话语意义是在关联性的基础上建构出来的。但是由于交际意图和话语形式的关联有不同的情形（这涉及关联的方式问题，我们将在下面详细讨论），对这种关联的加工有时不是一次就成功的，需要多次的尝试。主体的加工效率与交际意图和话语形式的关联性程度有关。一般来说，当其他条件不变的情况下，交际意图和话语形式的关联性越大，认知加工的效率也就越高，相反认知加工的效率就低。不过在言语交际中，主体经常降低交际意图和话语形式的关联性以获得其他的认知效果，因此话语形式和交际意图的关联是相对的，是各种因素平衡的结果。斯波珀和威尔逊所说的“最佳关联”也含有这样的意思。

4.2.2 显著性原则

在言语交际行为中，一般来说当其他条件相同的情况下，交际意图和话语形式的关联越显著就越容易被主体加工，这就是显著性原则。显著性和关联性是不同的，虽然关联性程度高的都可能具有显著性，但关联性程度低的未必不是显著的。关联性指的是交际意图和话语形式的关系，显著性则是这种关联的显现程度。斯波珀和威尔逊在谈到关联性条件时认为，在其他条件相同的情况下，为加工处理付出的努力越少其关联性就越强。其实，用这种观点解释言语交际行为中话语形式和交际意图关联的显著性更为合适。在其他条件相同的情况下，为加工付出的努力越小，话语形式和交际意图关联的显著性就越高。人的言语交际经验表明，主体在很多时候并不用投入很多的认知努力就可以把握交际意图和话语形式的关联，此时关联的显著性高，加工是自动完成的。如果交际意图和话语形式的关联比较复杂，显著性降低，交际主体就会投入更多的认知努力，此时的加工就是控制的。

交际意图和话语形式关联的显著性也是相对的，只能在对比中存在。在具体的言语交际行为中，话语形式可能和几种交际意图关联，如例(7)。只有在这种状况下，关联的显著性才是有意义的。如果某个话语形式仅仅和唯一的交际意图相关（这是理想状态），也就无所谓显著。一般来说，在诸种可能被话语形式激活的相关交际意图中，能突显出来的就具有显著性。例如：

（8）甲：冯小刚的《天下无贼》今天上映。

乙$_1$：嗯，有空儿带你看吧。

乙$_2$：知道了，我也看了报纸。

乙$_3$：你想看啊？

例(8)子中甲的话可能有三个交际意图：

① 请求［和我去看电影］

② 告知［新电影今天开始上映］

③ 意愿［想去看电影］

在不同的言语交际环境中，可能会突显上述三种意图的某一个，男孩子可能有的三种回应表明了这一点。

显著性还与言语交际行为的可预测性有关。在具体的言语交际中，由于交际情景等相关因素的存在，主体总是能对言语交际的意图作出某种预测，而某种话语形式和交际意图相关联的可预测性越强，显著性就越高。例如：

（9）陈阳还在整理自己的东西，随口问："有什么事吗？"

冯芒："你能不能专心地和我讲几句话？"

陈阳直起身子，看着她："好的，讲吧。"

冯芒盯视着他的脸："有人给我介绍了一个男朋友。"

陈阳微笑："好啊。芒芒，我记得你刚刚到游泳队时才这么点儿大，是个顽皮倔强的小姑娘，现在都要出嫁了。"

冯芒委屈地："你不要老把我当孩子，把自己当老师。"

陈阳笑笑："当然，你现在是教练了，训练的时候，我不是很尊重你的意见吗?"

冯芒："你从来就不想了解我，或者假装不了解。"

陈阳把话叉开："你是不是把男朋友带给我看看，听听老前辈的意见?"

冯芒赌气地："你！我不要男朋友，我从小就把你当做最标准的男子汉。"

陈阳还是开玩笑地："那时候，你不是骂我这个教练法西斯吗?"

冯芒："啥？你到今天还记着这句话？其实那时候我心里已经承认你，喜欢你了。"

陈阳："谢谢。"

冯芒："你还笑？你把我害苦了。当我长大以后，遇到的每一个男朋友，我都会和你相比，我对他们就不屑一顾了。"

陈阳还是开玩笑地："这不公平，你是拿我的优点和他们的缺点比，要是拿我的缺点，比如粗糙、文化不高、兴趣不广等，和他们的优点比，你就会对我不屑一顾了。"

冯芒："不管怎样，除了你，我不会爱什么人了。"

陈阳："荒唐，任性。"

冯芒："陈阳，我发誓，等你。"

上述对白选自剧作家黄允的《离婚前后》。所以引出这么长的一节，是想较为充分地使人感受到言语交际中的预测。上述对白中，"陈阳"对"冯芒"想要表达什么意图是有预测的，所以才故意"叉题"；而"冯芒"也能预测到"陈阳"的交际意图，所以最后直接说，不再给对方逃跑的机会，使得"陈阳"也只能直接表明自己的意图。在这样的言语交际中，尽管话语可能很复杂，但由于双方都有对交际意图的预测，所以话语形式和交际意图关联的显著性就高，认知加工的速度就快。

4.2.3 简洁性原则

简洁性就是以尽可能少的话语形式作交际意图的标识，它是言语交际中经济性的体现。当然，简洁性不是指话语形式越少越好。清代人魏禧在《日录论文》中谈到对简洁性的要求时说："字约而义丰，辞简而义明。”也就是说，简洁是在满足交际意义的表现基础上的简洁，简洁不能妨碍意义的表达。言语交际行为中，如果某种交际意图是确定的，那么表现该交际意图的话语形式越少就越经济。比如同是“问路”，可以有下面几种说法：

(9) a. 车站在哪儿？

b. 去车站怎么走？

c. 请问，车站在哪儿？

d. 同志，麻烦问一下，去车站怎么走？

例(9)中的四个话语形式标识的是同一个交际意图："请求{告知[去车站的路]}"。但很明显的是简洁程度不一样——从例(9)a至例(9)d简洁程度越来越低。

表面看起来话语形式越简洁，主体在认知加工时就越快，因为需要加工处理的话语形式不多。其实并不如此。在言语交际行为中，主体认知加工要解决的是话语形式和它所要标识的交际意图的关联性问题，由于这种加工将涉及言语交际中话语意义的建构，所以不是简单地对语言结构形式进行“符号处理”。另外，简洁也不能看做是纯粹“量”的概念，它是言语交际行为中各种认知要素平衡的结果。如果将话语形式看做是言语交际行为中的“明示”，那么相对于特定的交际意图来说，“明示”少对话语形式本身的处理就快，但需要“推断”的东西就会多；“明示”多对话语形式本身的处理就慢，但需要“推断”的东西少。假定交际主体在一次言语交际行为中投入的认知努力是个“固定量”的话，那么在“明示”和“推断”之间有个认知资源的分配问题。话语形式简洁，分配给“推断”的资源就多，相反分配给“明示”的就少。对言语交际意图的认知是在“明示”和“推断”之间达到某种平衡。例(9)a“明示”得最少，“推断”得最多；例(9)d则是“明示”得多，“推断”得少。左右这种平衡的因素很多：交际意图、主体的状况、背景、话语形式、交际情境和认知能力等。米勒（Miller）的研究表明，人“短时贮存的容量为7±2个项目”[①]。如果这是正确的，那么在言语

① John B. Best. 认知心理学. 黄希庭等译. 北京：中国轻工业出版社，2000. 84

交际中“明示”的话语形式就不会是过于复杂的，因为那样将超出人的认知能力范围。当然，用过于简洁的话语形式“明示”交际意图，也可能导致认知的困难，造成理解的歧义。

4.2.4 适宜性原则

适宜性就是适切性或得体性，是指在言语交际中标识交际意图的话语形式应该最大限度地适合言语交际的主体、背景和情境。从广义上说就是适应社会文化的心理，使话语形式具有心理的可接受性。利奇的“礼貌原则”、列文森的“面子理论”涉及的都是话语的适宜性问题。不过适宜性包含的范围更广一些，“礼貌”、“面子”只是适宜性原则的其中一个方面。

我们前面曾讨论过影响话语意义的主体因素、背景因素和情境因素等，这些因素对话语形式选择的影响主要反映在适宜性上面。

首先，话语形式要适合交际主体的状况。交际主体的状况有两个方面：第一，作为主体的自身状况，既包括比较稳定的因素（如性别、职业、年龄、性格等），还包括在进入言语交际时的临时状况（如情绪）。第二，主体之间关系状况，包括社会关系状况和情感关系状况。言语交际中的话语形式受这些因素的制约，话语形式应该最大限度地适合这些主体的状况。比如有些话语形式适于女性，有的话语形式适于亲密关系，同一种话语形式不同职业和不同身份的人接受起来也是不一样的。请看剧作家黄允《离婚前后》中的一段对话：

(10) 月光拎着包穿过马路，走在人行横道线外一点点。

退休工人隔马路大叫：“哎！哎！走人行道横线！”

月光并不觉察。

退休工人：“哎！哎！女同志，说你呢。”

月光停住，看看周围没有女同志：“啊？”

退休工人：“走人行道横线。”

月光：“哦，哦。”赶紧走到人行道横线里过到马路那边。

退休工人看看她：“哎，你不是原来住在玉兔家一条弄堂里的吗？”

月光：“啊，是的，是的。”

她打量着老人："您是……"

退休工人："我是玉兔弟媳妇的阿爸。"

月光："哦，彩娣爸爸，费老伯。"

费父很高兴："哎，哎，来上海出差啦？"

月光愣了一下："嗯，嗯，也是来看玉兔的。"

费父："哦。你今天算赶上时候啦……"忽然看到有人穿马路，又大叫："哎！哎！走人行横道线。"

这段对话中，"退休工人"有两种角色身份：一个是义务维护交通的；一个是和"月光"认识的费老伯。相对而言，"月光"也有两种身份：一是行人；二是被"费老伯"认出的人。作为两个参与言语交际的人，前后身份、关系的变化，其话语形式也要适应着不同的主体身份和关系。

其次，话语形式要适合言语交际所处的社会背景。言语交际是人的一种社会行为，社会的政治、经济、文化等必然对言语交际发生影响，话语形式只有在一定的社会背景中才能被使用和理解。请看鲁迅《祝福》里的一段：

(11)"刚才，四老爷和谁生气呢？"我问。

"还不是和祥林嫂。"那短工简捷地说。

"祥林嫂？怎么了？"我又赶紧地问。

"老了。"

"死了？"我的心突然紧缩……

这段对话中，短工用"老了"取代"死"来说祥林嫂，不仅符合短工的身份，而且适合中国人的文化心理——对死亡的忌讳。

通常认为，社会背景是理解话语意义的重要参照。其实，社会背景不仅仅是参照，它本身就构成了话语意义的一部分。语言是社会的产物，它既是文化的一部分，又是文化的载体，语言结构成分本身就凝结着文化。正如海默斯所说："人们经常说语言是文化的标志与反映。但是在与文化的关系问题上，语言并非仅仅是被动的、自然形成的……说话本身也是文化行为的一种形式。而语言，就像文化的其他部分一样，共同参与构成了文化这一整体……”① 言语交际行为中，适宜的话语形式能激活交际主体记忆中的社会文化知识，这些知识参与了主体的话语意义建构。

最后，话语形式要适合言语交际的情境。言语交际情境是制约话语的最为具体直接的环境因素。话语形式的选择和理解都离不开交际主体对情境的认知。不同的交际情境对话语形式的选择不同，同一话语形式在不同的情境中可能有不同的理解。据说有传播学者曾经做过一个试验：同一种交际意图，同一类话语形式，一次在会客室，一次在海滨浴场，得到的交际效果却不一样。其实日常的言语交际经验也表明：在不同的交际情境中，交际主体对意义的表达和理解有差距。交际中的话语形式要适合交际情境，因为情境是言语交际主体对话语进行认知加工的重要因素。

4.2.5 原则的制约力

以上我们讨论了言语交际中话语形式选择的相关原则，这些原则是从不同的角度提出的，反映了主体认知加工的不同侧面。前面说过，言语交际中的话语形式可能会激活不止一种交际意图。也就是说，某种话语形式可能和一个以上的交际意图联系起来。那么在具体的言语交际中，是不是这些可能的联系都会成为现实的联系呢？其实在具体的言语交际行为过程中，某种话语形式和哪个交际意图联系起来是要经过上述各项原则的检验的，只有当话语形式和某种交际意图的关联在各种原则中取得了某种平衡才会成为言语交际行为中主体真正要选择的。

我们可以将这些原则设想为认知过程中的某种平衡装置。这种装置的作用，对说话人来说是为特定的交际意图选择话语形式标识；对听话人来说是以话语形式标识为线索辨认出特定的交际意图。我们所以把这些原则设想成一种平衡装置，是因为在言语交际行为中这些原则是互相竞争的，在决定话语的选择和理解时各种原则同时起作用（而不是按照先后顺序进行），竞争的结果是达到某种平衡的出现。以上我们讨论的

① 拉里 A. 萨默瓦，理查德 E. 波特. 文化模式与传播方式. 麻争旗等译. 北京：北京广播学院出版社，2003. 287

各种选择原则对话语形式的选择和理解来说只分别涉及言语交际的某一个方面，而且每一个原则所要求的结果也不相同甚至是相互矛盾的。比如话语形式满足了简洁性原则，就可能不符合显著性的要求；适宜性往往和显著性、简洁性成反比关系。言语交际的经验表明，交际主体为了遵守某个原则，可能会在某种程度上放弃另一个原则。下面是火车上工作人员验查车票时对乘客说的话：

(12)a. 票！

b. 你的票呢？

c. 同志，看一下你的票。

d. 验票了。

e. 请出示您的车票。

例（12）的几种说法都是和交际意图相关的，符合关联原则。相比之下，例(12)a、例(12)b 和例(12)d 简洁，但礼仪性差，也就是说部分放弃了适宜性原则；例(12)c 和例(12)e 充分考虑了适宜性，但简洁性降低。显然，上述几种话语形式是不同的选择原则综合作用、平衡的结果，都可以完成交际意图的表现，只是话语意义互有差别。

在言语交际行为中，虽然各种原则并行地、综合地起作用，但是其各自对主体选择的制约力还是有差异的。有些原则必须要遵守，是强制性的；而有些原则则带有选择性。在我们讨论过的各种原则中，关联性原则是强制性的，即任何话语形式都必须和特定的交际意图关联。其他原则都是选择性的，在不同的情况下主体的选择所考虑的原则可能是不同的。下面是这些原则的制约力等级：

关联性＞简洁性/显著性/适宜性

斯波珀和威尔逊认为关联性是交际的普遍假设，我们把它理解为言语交际行为要遵循的最基本原则。其他的原则——简洁性、显著性和适宜性等都是在关联性这个基本原则的基础上发生作用的。一个具体的言语交际行为是这些原则综合作用的过程，无论从表达还是理解方面看都是如此。话语意义的建构是在言语交际主体对这些原则的选择和平衡的过程中完成的。

4.3 实现途径

在言语交际行为中，交际主体考虑了各种相关的因素和原则去实现对交际意图的标识和理解。从某种意义上说，实现对交际意图的标识和理解就是找到交际意图和话语形式相关联的方式或途径。如下例：

(13)（乙到甲处聊天，时间已经不早了）

甲：你一般晚上什么时候睡觉？

乙：十二点左右吧。哦，现在很晚了，我该回去了。

甲：没关系，再坐会儿？

乙：不了，改日再聊。

甲的交际意图很明显：希望结束谈话。出于礼貌的原因——适宜性原则在起作用——甲没有用直接的话语形式标识这一意图，而是采取了“曲折”的方式。乙理解了甲的意图，故马上表示告辞。

在这类言语交际行为中，话语形式和交际意图之间的关系不是简单的“直接关联”，而是“间接关联”。格莱斯把这种话语现象归为“会话含义”，塞尔则称其为“间接的言语行为”。我们认为，“会话含义”和“间接言语行为”的说法只有在交际意图实现途径的范围内才是有意义的。“会话含义”也好，“间接言语行为”也好，交际意图都是言语交际行为的目的或话语意义的核心。从这个意义上说，无所谓直接和间接，也无所谓“字面意义”和“会话含义”（或“言外之意”）的区别。在言语交际行为中，任何意义都是“言内的”（即都是由话语形式带来的），区别仅仅在于用话语形式标识交际意图的方式或途径不同。由于从交际意图出发选择话语形式标识或以话语形式标识为线索寻求交际意图都是内在的心理过程，无法直接观察到，所以我们能做的只是从言语交际的外显方面去分析话语形式和交际意图的联结方式，以便推断内在的可能存在的话语形式选择和理解的途径。

4.3.1 明示途径

明示是指用词汇化或语法化的成分标识交际意图。斯波珀和威尔逊的关联理论认为，话语的理解就是“明示——推理”的过程，不过她们所说的“明示”是就全部话语形式而言的。我们这里说的明示不是指全部的话语形式，而是那些标识交际意图的词汇化和语法化的话语形式。

明示是最直接的途径，只要我们掌握了语言结构中约定的交际意图标识成分，就可以直接加以选择或直接从这些标识中理解交际意图。初学一种语言的人用所学语言从事的交际行为中（儿童和第二语言的学习者）这种明示的特点最为突出，因为开始学习一种语言总是要先学会表现某种交际意图的固定形式。

明示的途径可以用下图表示：

交际意图←→话语形式

图 3　言语交际的明示途径

图示中双箭头的意思是：交际意图直接用话语形式标识，话语形式直接理解出交际意图。

判断一个言语交际是不是明示途径不能仅仅看话语形式中是否有标识交际意图的词汇或语法化形式，还要看这种固有形式所标识的交际意图是不是和主体实际要表现的交际意图相协调。协调的是明示，不协调的就不一定是明示。言语交际的经验告诉我们，一些词汇化或语法化形式所标识的交际意图并非和实际要表现的相一致。如下例：

（14）妻子：我告诉你啊，我很长时间没逛街了。

丈夫：是吗？可我今天忙。要不你自己去？

妻子：你总是不陪我！

从语言结构上说，妻子使用了陈述句并且包含有词汇化成分“告诉”，按结构化理解，话语形式标识的交际意图是“告知［我很长时间没逛街］”。但实际上妻子的意图是“请求［丈夫陪她逛街］”。如果在丈夫的认知语境中存在这样的知识经验：

① 妻子是很喜欢逛街的，经常自己去或和朋友去；

② 作为妻子，一般都希望逛街时能有丈夫陪伴；

③ 一般来说，丈夫都不喜欢逛街。

那么在上面的例子中，“告知”的意图显然和丈夫的认知语境不协调，所以丈夫并没有将妻子的交际意图当做“告知”而是将其理解为“请求”。妻子下一句抱怨的话证明了丈夫的理解是正确的。不过，“请求”的意图在上例中不是“明示”出来的。由此可见，在言语交际中当话语形式不能起到明示作用时，它仍然是交际意图的标识，只是变成间接的了。

4.3.2 暗示途径

和明示途径不同，暗示是指话语形式和交际意图的连接不是直接的，即不用词汇化或语法化的语言作为交际意图的标识，从交际意图到话语形式都要经历一些中间的推断环节①。

若从纯粹的“传信”角度看，人的自然语言不是理想的工具，理想化的语言应该是像数学符号那样的人工语言。人工语言形式就其意义的表现来说都是明示的，不需要经过中间环节。然而，人的语言不仅仅是“传信”手段。言语交际作为一种人类经常性的社会行为不仅“传信”，而且表现情感并体现社会的道德文化规范等。因此，在言语交际行为中话语形式的选择和理解就必然受到各种因素的影响，暗示的途径由此产生。这样说并不意味着明示的途径可以不受各种因素的影响。由于系统化的作用，相对于暗示途径，明示也是各种因素制约的结果。暗示的途径可以图示如下：

交际意图←推断环节→话语形式

图 4 言语交际的暗示途径

与明示途径相比，交际意图和话语形式之间多了一个推断环节，交际意图和话语形式标识的连接变得间接了。这个中间的推断环节很重要：若交际意图确定，选择什么样的话语形式标识就取决于这个环节；若输入一个话语形式标识，能理解出哪种交际意图也取决于这个环节。推断环节由各种具体的推断方式构成，下面以汉语为例，概括一些主要的推断方式：

（一）逻辑推断。逻辑是人的思维形式，具有自身的规律性。语言可以是思维的外在表现。作为思维的形式，逻辑结构一定是完整的；而作为思维外在表现的语言，可以是“缺省”的。这样，在言语交际中就有了用缺省的话语形式表现完整思维结构的现象，导致在言语交际中出现了依靠逻辑形式连接话语形式和交际意图的途径，而且成为交际主体

① 孙维张，吕明臣．社会交际语言学．长春：吉林大学出版社，1996．325

的惯常做法。如下例：

(15) 甲：主任，我的申请有结果吗？

乙：这几天忙，还没开会呢。

甲：那我再等等吧。

甲的意图是“请求｛告知［申请结果］｝”，而乙的话语并没有直接指向甲的交际意图，可甲仍然理解出“没有结果”的意思——这正是乙要告知给甲的东西。乙的话语形式标识和他的交际意图是这样连接起来的：

① 只有开会研究，你的申请才会有结果。

② 这几天没有开会。

③ 你的申请没有结果。

①和②是两个前提：①是作为一般的知识预存在交际主体的记忆中的；②是言语交际中直接表达出来的；③是由上述前提推断出来的结论，即乙的交际意图。若设定“开会研究”为P、“结果”为q，那么上述推断的逻辑结构形式是：$P \leftarrow q \land \neg P \rightarrow \neg q$。

逻辑知识是人们长期学会的一些有效的思维规则，运用这些规则保证了人认知的正确性。在言语交际中，交际主体将话语形式标识和交际意图的联系建立在逻辑知识的基础上，通过调动主体的逻辑推断能力完成交际意图的表现。逻辑推断途径的内在心理过程是：说话人将交际意图放在相应可能的逻辑结构中，然后选择逻辑结构中的某一结构项的外在语言表现作为话语形式标识。从听话人的一方来看，作为交际意图标识的话语形式激活了其内在的相关逻辑结构知识，然后将话语形式标识纳入相关的逻辑结构中并建构出完整的逻辑表达式，从而推断出交际意图。图示如下：

交际意图←逻辑结构→话语形式

图5　言语交际的逻辑推断途径

不难看出，逻辑推断途径的关键在于逻辑结构部分。不具有必要的逻辑结构知识就没有这种途径。相应的逻辑结构复杂，话语形式标识和交际意图的连接就复杂，言语交际行为主体的认知加工也就越复杂。

（二）常识推断。常识是人们在生活中形成的关于事物的经验，并作为一种知识保存在人的记忆结构中。认知心理学认为这些经验会形成某种经验图式，这些图式帮助人们对信息进行加工[1]。图式反映的是一种整体主义的观念，对事物的认识不仅可以从部分到整体，而且可以从整体出发认识部分。在言语交际中，如果话语形式标识能激活言语交际主体内在的一个整体经验图式，就可以由此推断出没有被话语形式明确说出来但包含在整体图式中的那部分。如下例：

(16)（正在考试的考场上）

甲：（小声对旁边的乙）第三题。

乙：监考的过来了。

理解该例需要具有一种有关考试的知识图式。粗略地说，考试图式包括考场、主考、监考、考生、试卷、规定时间和考试规则等。例(16)中，甲选择了“第三题”作为话语形式标识，交际意图是“请求｛[告知]第三题的答案｝”。因为在考试图式中，考生要做的就是回答试卷上的考题。说出“第三题”，就可能是寻求该题的答案。乙理解了甲的意图，但无法或者不想满足甲的请求，所以选择话语形式标识“监考的过来了”，交际意图为“告知[无法告诉你]”。因为在考试图式中，考生必须独立回答问题，任何一个考生和其他考生谈论试题都是违纪，监考人的职责就是监督考生。

根据图式理论，人在生活中形成的经验都可以以“图式”的方式保存在长时记忆结构中。这些图式可以被激活用来对输入的信息进行加工。鲁忠义和彭聃龄在谈到图式对阅读的作用时认为，图式一旦被激活它就对当前阅读作出解释，进行解释必然包含着预测和推理[2]。言语交际行为中，主体经常利用图式将话语形式标识和交际意图连接起来，形成一种推断关系。毫无疑问，在此类言语交际中图式成了交际主体话语形式标识选择和理解的关键。搞清楚人所具有的经验图式有助于解释主体对这类言语交际行为的认知加工状况。人们经验的种类不同，形成的图式可能多种多样，目前还没有对图式的比较全面的概括。下面我们谈

① M.W. 艾森克，M.T. 基恩．认知心理学．高定国，肖晓云译．上海：华东师范大学出版社，2004

② 鲁忠义，彭聃龄．语篇理解研究．北京：北京语言大学出版社，2003

两种不同类型的图式。

第一，事件图式。人的生活体现为一系列的活动，各种活动都涉及一些相关的因素，这些因素经常与人的认知经验相互关联并统摄在一个活动中，形成事件图式。认知心理学“把物质客体的图式，如房子、桌子、客厅等称之为框架，把顺序性事件的图式称之为脚本”①。我们不作这样的区分，笼统叫做事件图式。在主体的认知活动中，一旦某个事件图式被激活，包含在这个事件图式中的相关因素就会被预测出来，成为认知的线索或目标。例(16)的考试图式就是这样一种事件图式。研究者经常提到的图式还有“餐馆图式”、“家居图式”、“旅行图式”等。图式有大有小，它反映了人的认知经验的不同层次，比如“进餐图式”就可能被包含在“餐馆图式”这个更大的图式之中。

言语交际行为中，话语形式标识可能仅仅说出某个事件图式包含的某个因素，只要话语形式标识能激活整个事件图式，就可以从图式的整体出发去推断包含在该图式中的可能的交际意图。下面看一个“购物图式”的例子。

(17)（售香烟的柜台）

顾　客：一包“长白山”。

售货员：十块钱。

购物图式包含的因素有：买者、卖者、商品、钱款和交易行为等。例(17)中，顾客只说出商品的名称和数量，就完成了交际意图“请求[购买……]”；而售货员只说出钱数，就完成了“请求［付钱]”的交际意图。言语交际双方之所以能用少量的话语形式标识就能完成这种特定交际行为，是因为在该“购物”的事件图式中没说出的东西都是可以从该图式的整体中推断出来的。

第二，需要——满足图式。人们在生活中有许多需要，有需要就得满足，由此形成动机。而“只有当需要具有满足的对象与条件时，需要才以动机的形式客观地表现出来”②。一些特定的需要和满足需要的对

① 梁宁建．当代认知心理学．上海：上海教育出版社，2003．207

② 车文博．人本主义心理学．杭州：浙江教育出版社，2003．118

象及条件经常连接在一起，形成经验上的认知图式。如下例：

(18)a. 甲：你有汉英词典吗？

乙：给你。(递给甲词典)

甲的交际意图是“请求［借给英汉词典］”以满足他的需要。能满足甲的需要（即交际意图）的条件中有两个是最重要的：

① 乙有甲需求的英汉词典。

② 乙愿意满足甲的需求。

甲的话语形式所标识的与条件①相关，即乙是否有他需要的英汉词典。交际主体通过询问满足交际意图的条件来表达交际意图。因为乙同样具有这种需要——满足的认知图式，所以能从话语形式标识中推断出甲的交际意图。假定乙不具有这种认知图式，或者他的认知图式由于某种原因没有被激活，或者干脆是个“饶舌者”，那么乙就会将甲的话语形式标识当做一个“索取信息”的交际意图标识。如果这样的话，假定甲要继续满足自己的交际意图，言语交际就可能会变为下面的样子：

(18)b. 甲：你有汉英词典吗？

乙：有。

甲：借我用一下。

乙：行。(递给甲词典)

显然，在例(18)b 的言语交际行为中，话语形式标识是明示的，而例(18)a 则是暗示的。

事件图式和需要——满足图式是从不同的角度加以概括的，两者之间有交叉。比如“购物图式”即可以认做事件图式，也可以作为需要——满足图式，但两者强调的侧面有所不同。

认知图式将常识经验组织起来保存在记忆中，通过调动认知图式主体将话语形式标识和交际意图连接起来，从而对言语交际行为作出相应的认知加工。常识推断图示如下：

交际意图←认知图式→话语形式

图 6　言语交际的图式推断途径

（三）语义推断。语义涉及概念的结构。认知心理学中关于人的记忆结构主要有两种说法：情景记忆和语义记忆。“情景记忆是指对发生于特定时间、地点的特定事件或情节的储存（与提取）”[①]。关于语义记忆，Tulving 给出的界定是[②]：

它就是一部心理词典，知识结构富有组织性。它包含一个人拥有的关于词汇以及其他语言符号其意义和所指的事物以及和它们之间的关系。它还包括关于操作这些符号、概念和关系的规则、公式和算法的知识。

人们对世界的认识可以概念化，概念彼此连接形成“语义网络”保存在人的记忆之中。关于语义网络，研究者提出了许多模型。根据彭聃龄和桂诗春的概括，主要有两种模型[③]：

第一，层级网络模型。这是由柯林斯（Collins）和奎连（Quillian）于 1969 年提出来的一个早期的著名模型。如下图所示：

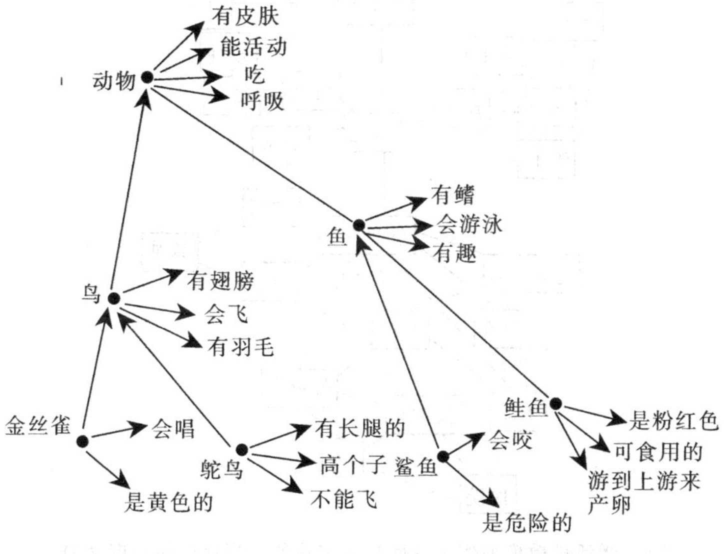

图 7　层次网络模型例示（摘自梁宁建《当代认知心理学》）

① M. W. 艾森克，M. T. 基恩. 认知心理学. 高定国，肖晓云译. 上海：华东师范大学出版社，2004. 276

② M. W. 艾森克，M. T. 基恩. 认知心理学. 高定国，肖晓云译. 上海：华东师范大学出版社，2004. 276

③ 本文主要参阅以下著作：(1)彭聃龄. 认知心理学. 台北：台湾东华书局，1999；(2)桂诗春. 新编心理语言学. 上海：上海外语教育出版社，2000

层级网络模型的基本成分是概念节点，和每个概念同时储存的还有概念的属性。概念根据类属关系组成一个分层的语义网络。网络的上级概念包含下级概念，下级概念蕴涵上级概念。概念节点之间用──→连接，概念和属性直接连接。层次网络模型具有认知的经济性。根据这个模型我们可以设想：激活一个概念，就会沿着──→的方向去寻找该概念的属性特征。距离近的所需时间短，距离远的所需时间就长。两个概念的距离越远被激活的可能性就越小，在认知中就会耗费更多的时间。

第二，激活扩散模型。层级网络模型在实验中遇到了一些问题①，为了解决这些问题，柯林斯和洛夫塔斯（Loftus）于 1975 年提出了激活扩散模型。如下图所示：

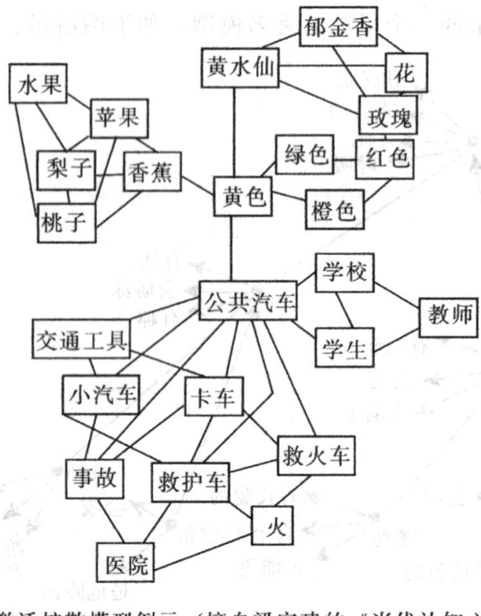

图 8　激活扩散模型例示（摘自梁宁建的《当代认知心理学》）

激活扩散模型“仍是一种连接网络。但是它的结构并非严格分层的，而是一个更为复杂的概念和概念关系网②”。激活扩散模型的特征是激活和扩散：一个概念被激活，就会扩散到与之相连接的其他概念。

① 这些问题不属于本文的讨论范围，具体可参见彭聃龄和桂诗春的著作。

② 桂诗春．新编心理语言学．上海：上海外语教育出版社，2000．335

扩散越远，能量就越减弱。

激活扩散模型是在对层级网络模型修正的基础上发展起来的，但二者存在几个重要的区别。彭聃龄将其概括为以下三个方面[①]：

第一，概念与属性的地位差异。在激活扩散模型中，概念和属性具有同等的地位。语义层次网络模型的主要成分是概念，属性只是简单地附属于概念的节点。在激活扩散模型中，概念和属性都是语义记忆结构的基本成分。

第二，概念与属性的联系差异。在激活扩散模型中，各种属性是和各种概念联系在一起的。主要成分之间的联系并非基于逻辑的、语义的关系，而只是基于个人的生活经验。

第三，概念间语义距离的差异。在层级网络模型中，概念之间所有连线都具有同样的长度，所有下级概念对于上级概念来说都是同等的样例。但是在激活扩散模型中，各个连线在长度上是不同的。

层级网络模型和激活扩散模型都揭示了概念的关系，概念不是孤立地存在着，而是相互依存的。根据语义网络的这种特性，我们就可以由一个概念推断另一个概念。在言语交际中，可以利用语义网络概念连接的特性选择话语形式标识或从话语形式标识中推断出交际意图。我们把这种途径叫做语义推断。如下例：

（19）（孟祥英的婆婆）年轻时候外边朋友多一点，老汉虽然不赞成，可是也惹不起她——说也说不过她，骂更骂不过她。

该例中“外面朋友多一点”所传达的交际意图是“告知［她风流］”。“风流”的语义结构中有“异性朋友多”这样的特征，因此“外面朋友多一点”这种话语形式标识就能激活“风流”的概念意义。

在言语交际中，最常见也是最典型的语义推断途径是预设。如下例：

（20）甲：她结婚了吧？

　　乙：嘿，孩子都一岁了。

乙的交际意图是“告知［她结婚了］”，但乙说出的是“孩子都一岁

---

① 彭聃龄．认知心理学．台北：台湾东华书局，1999．205

了”。根据预设（这是言语交际双方都有的认知背景），“孩子一岁了”的预设是“有孩子”，“有孩子”的预设是“结婚了”。这种预设关系可以写成：孩子一岁＞有孩子＞已结婚。甲根据这样的预设关系自然可以从乙的话语形式标识顺利推出“她结婚了”的话语意义。根据语义结构的推断可以表示为：

交际意图←语义结构→话语形式

图 9 言语交际的语义推断途径

4.3.3 隐喻途径

隐喻是言语交际中常见的现象，隐喻的研究源远流长，涉及语言学、修辞学、哲学和认知科学等诸多领域。关于隐喻思想的演进，胡壮麟作了较为精当的概括。对于隐喻以往人们并没有给予充分的关注，“直到 1980 年莱可夫（George. Lakoff）和约翰逊（Mark. Johnson）的合著《我们赖以生存的隐喻》出版，把语言就是隐喻的认识提到新的高度，使隐喻研究从此摆脱以文学和修辞学为文本的传统隐喻的束缚，正式纳入认知科学的新领域”①。

关于隐喻的概念，莱可夫认为：“隐喻不是语言的表面现象，它是深层的认知机制。在人们思想底层的隐喻网络形成认知图，以认知者的物质经验基础，构成认知者与外部世界的联系。”② 根据莱可夫的观点，“隐喻图式是一种抽象的表达，它将一个抽象域的概念（知识）结构，建立于另一个更为具体的义域的感觉（可感知的）基础上”③。《牛津国际语言学百科全书》采用了类似的观点，对隐喻的解释是：“目标概念领域是作隐喻理解的领域，始源概念领域是用其去比喻地理解目标的领域。概念隐喻就是这两个部分的映现。”④ 不难看出，当代隐喻研究认为隐喻是人认识世界并将世界概念化的一种方法。人对世界的认识总是从与自身相关的事情开始，逐步向其他方面拓展。在我们的生活中，隐喻是个普遍存在的认知方式。研究者经常提到的隐喻有空间隐喻、容器

① 胡壮麟．认知隐喻学．北京：北京大学出版社，2004．71

② 胡壮麟．认知隐喻学．北京：北京大学出版社，2004．71

③ 胡壮麟．认知隐喻学．北京：北京大学出版社，2004．72

④ 林书武．国外隐喻研究综述．外语教学与研究，1997（1）

隐喻、管道隐喻、货币隐喻和战争隐喻等。

关于隐喻的这种思想可以推进到话语意义的研究中去。我们认为，在言语交际行为中隐喻提供了一种把交际意图和话语形式标识连接起来的途径，从而实现主体交际意图的表达和理解。如：

(21) 十月，甲A赛场再燃战火。

(22) 谁想，三个人刚说明来意，豆叶黄边号啕大哭，边投枪使棒地摔了一大堆闲言碎语。

例(21)是个战争隐喻，主体的真正交际意图是“告知[甲A足球联赛又开始进行]”。例(22)将“说出的话”隐喻为可以“扔”的物，交际意图是“告知[豆叶黄说了许多闲话]”。

隐喻途径中，交际意图是要表现的真正意义，称为目的域；话语形式标识所表现的叫做喻源域。言语交际行为中的隐喻途径就是将目的域映现在喻源域上，交际意图和话语形式标识通过隐喻连接起来。图示如下：

交际意图←隐喻→话语形式

图10　言语交际的隐喻推断途径

隐喻和明示不同，明示是用词汇化或语法化的成分直接作为交际意图的话语形式标识。隐喻不是语法化的，话语形式标识仅仅是交际意图的一种“提示”，不是直接的表现。当然，如果某种隐喻经常被使用，目的域的意义就会凝结在喻源域上成为其意义的一部分，即词汇化或语法化了。这样的话隐喻就消失了，言语交际变为明示，即主体的认知加工不再经过一个中间环节。

隐喻和推断也不一样。在推断中，交际意图和话语形式标识的连接是靠逻辑结构、认知图式和语义结构等，交际意图和话语形式标识本来是其整体结构中的构成部分，话语形式标识的不过是其中被突显部分，交际意图是未被突显的背景中的一部分。而隐喻就不是这样，交际意图和话语形式标识的连接是依靠主体认知到的事物之间的某种相似性。

第五章 话语意义建构的过程

言语交际行为是这样的一个过程：说话者将交际意图变成话语形式并发送出去经过传递送到听话人那里，听话者接收话语形式并从话语形式中寻求到说话者的交际意图。许多研究者对这一过程作出了描述。邓斯（Peter. B. Denes）和平森（Elliot. N. inson）提出了言语链的理论，认为言语交际从说话者到听话者由五个相互关联的环节组成[①]，如下图所示：

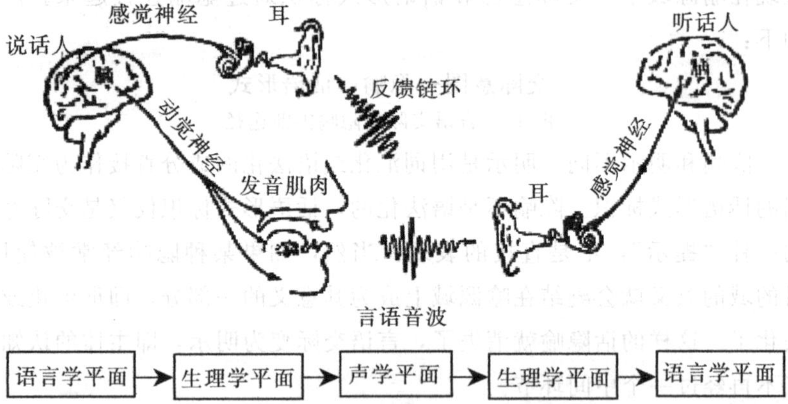

图 11 言语链

（摘自邓斯和平森《言语链——说和听的科学》）

在这一过程的五个环节中，他们说的语言学平面实际上是内在的言语编码和解码两个环节。这样看来，言语交际的过程就呈现出下面的样子：

---

① P. B. 邓斯，E. N. 平森. 言语链：说和听的科学. 曹剑芬，任宏谟译. 北京：中国社会科学出版社，1983. 7～8

编码──→发话──→传递──→接收──→解码

图 12　言语交际过程

其中编码和解码都是心理过程，发话和接受主要是生理过程，传递是物理过程，五个环节缺一不可。但相比之下，编码和解码更为重要一些，它们涉及言语交际行为的起点和终点，是言语交际行为的核心。如果我们不考虑在发话、传递和接受过程中的干扰因素，那么交际意图的话语形式标识的选择和理解分别在这两个过程中完成，话语意义正是在这两个过程中建构的。

在人的言语交际行为中，所谓编码就是主体将特定的交际意图符号化为一定的话语形式标识（也叫做表达），解码就是主体从一定的话语形式标识中找到特定的交际意图（也叫做理解）。如果我们忽略掉言语交际过程的其他环节而只考虑编码和解码，那么言语交际行为就是从特定的交际意图开始经过一定的话语形式标识再到特定交际意图的过程。我们可以把它视为言语交际意图实现的过程，如下图所示：

交际意图──→话语形式标识──→交际意图

图 13　交际意图的实现过程

前面我们已经讨论过，交际意图只是话语意义的核心，围绕着交际意图还有衍生的意义。衍生意义是在这两个过程中产生的，它和交际意图一同构成了话语意义的整体。因此，话语意义的建构过程可以描述如下：

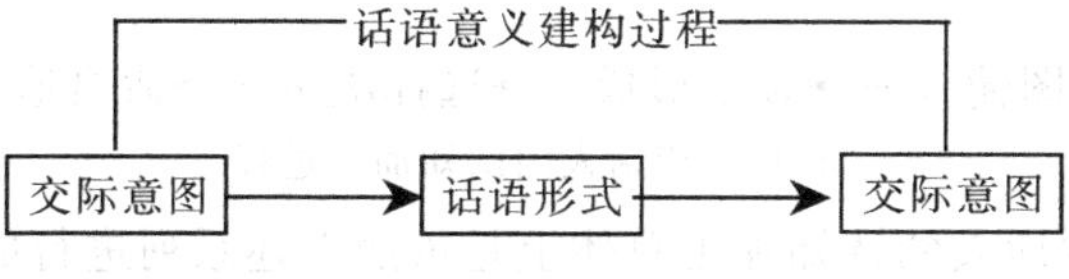

图 14　言语交际过程

言语交际的编码和解码是在人的心理发生和完成的，话语意义建构过程实际上就是言语交际主体的认知加工过程。主体的认知加工包括两个互有联系的方面：说话人的认知加工和听话人的认知加工。话语意义可以解释为是言语交际主体心理的这两个认知加工过程的产物。

5.1 说话人的认知加工过程

5.1.1 说话人认知加工的步骤

说话人认知加工开始于交际意图的形成，终止于话语形式标识的生成。这一过程的核心问题是如何将形成的交际意图符号化为合适的话语形式标识。围绕这个核心，说话人的认知加工应该经过下面几个阶段：

（一）交际意图的输入。这是言语交际意图的形成阶段。人在接受外界刺激时会产生某种需要，需要产生意图。当这种意图需要用言语交际行为来表现时就成为交际意图。交际意图形成后，主体的认知加工才进入下一个阶段。

（二）假设阶段。交际意图进入这个阶段，主体会围绕着交际意图形成各种认知假设，这些假设为进一步的认知加工提供基础。

（三）选择阶段。在这个阶段，主体要对形成的各种认知假设进行筛选、平衡以便作出决策。

（四）话语形式标识生成。交际意图在此阶段最终符号化为一定的话语形式标识输出，进入言语的产生过程①。应该注意的是，此阶段生成的不是表层的言语系列，而是内在的符号化表征。

说话人认知加工的四个阶段总体上说是依次进行的，形成下面的加工系列：

交际意图输入──→假设形成──→选择决策──→话语形式生成

图 15 说话人的认知加工过程

我们说说话人的认知加工总体上是依照上述系列进行的，但不排除在加工的过程中可能有回溯现象，而且有时候假设阶段和选择阶段并非是泾渭分明的，常常交织在一起。

在上述四个阶段中，交际意图的形成发生在一次言语交际行为之前，决定交际意图形成的机制不在本书论述的范围之内。我们的讨论是

① 本文区分使用“产生”和“生成”这两个术语。“产生”仅指将内在的符号系列转变为具体的声音系列；“生成”一般指将要表达的交际意图符号化，形成所谓“内部言语”。

建立在“交际意图已经形成”的假定基础之上。话语形式标识的生成是形成内在的符号化表征，关于这种内在表征的解释将超出我们的能力范围①。在下面的讨论中我们将集中关注假设和选择这两个阶段，这是说话人认知加工过程的核心，而且话语意义的建构与这两个阶段的关系最为密切。

5.1.2　假设形成阶段

当言语交际主体的某种交际意图形成后，会激活与该交际意图相关的一些认知背景并在此基础上形成一些与交际意图表现相关的认知假设。换句话说，主体为了表现某种交际意图要将各种相关知识“调”出来并集中到一起进行处理。本来这些知识是不相干的、零散的，主体在将这些知识调出后就会按照表现交际意图的需要把它们组织在一起形成围绕交际意图表现的认知假设。

在假设形成阶段，主体的认知加工涉及如下方面：认知交际意图的类型；认知交际主体的状况；认知交际所处的背景、情境及其相关的社会文化因素。本书§4.1中我们已经讨论过这些因素，它们是建构话语意义不可缺少的。言语交际主体基于对上述各种相关因素的认知，形成了有关言语交际行为的假设。概括起来说，这些假设主要有下面一些：

（一）交际假设。言语交际行为的成立必须有交际双方的共同参与，缺少任何一方言语交际行为都不能成立。因此，在进入一次言语交际之时，作为言语交际主体的一方——说话人，他必须对另一交际主体——听话人作出如下假设：

1. 对方愿意并且能够参与言语交际行为；

2. 对方以某种身份参与言语交际行为；

3. 我与对方可能处在特定的关系之中，包括社会关系和情感关系。

交际假设是言语交际发生的充分必要条件。换句话说，当一个主体选定了一个听话人（从而使自己成为说话人），就一定作出了交际假设。现实生活中，我们总是要么进入一种言语交际，要么不进入。进入一种言语交际时关注的是交际意图而没有意识到交际假设的存在；没有进入

① 阅读乔姆斯基等转换生成语法理论的文献对了解此问题会有一些帮助。

交际，当然更不会意识到这个假设。不过，有两种言语交际的经验事实印证了交际假设的存在：一种是寻找听话人的努力。孤身一人乘坐火车，如果想找同坐的人聊天以消除旅途的寂寞，常常采用下面的话语方式：

(1)a. 今天车上人挺多啊！

b. 去哪儿啊？

例(1)a 的说法看起来像是自言自语，其实是在寻找交际对象。如果有人愿意回应，就建立了一种言语交际关系。和例(1)a 比较起来，例(1)b 显得直接一些，但目的不仅仅是询问（即请求对方告知），而是寻找能与之交际的人。这样的经验显示出一个意欲进入言语交际的人对他的交际假设没有把握，所以先将话语指向这个假设，当这个假设得到证实真正的言语交际才能进行。网络中的自然语言交际把人们日常言语交际中没意识到的交际假设问题突显了出来。下面是在某网络聊天室抄录的例子：

(2)a. 陈陈对独行猴说：可以和你聊聊吗？

b. 西北老汉：征聊 。

c. 山对欣幕说：你好，忙吗？

在网络聊天室里聊天，一般的做法是点击一个名字（就是选择一个对象）然后进行交谈。但由于网络中第一次交流的人不是相识者，不能保证被点击的那个人会和你交流，所以话语先指向交际假设，当有了肯定的回应后交际才能进行。例(2)a 是直接的说法；例(2)b 是面对大家的，表明自己要寻找交际对象，有“愿者上钩”的意思；例(2)c 是比较礼貌的说法，给对方以空间，目的也是建立交际关系。

网络中的这种交际反映出人们日常言语交际关于交际假设的存在。虽然网络是虚拟的世界，但言语交际确是真实的，和现实交际的不同只是在媒介方面。言语交际总是要围绕交际意图作出交际假设，言语交际主体总是要事先假定某种交际意图对谁说更合适。

更概括地说，交际假设设定的是一种角色关系。就言语交际行为来说，角色关系主要表现为三种：话语关系、社会关系和情感关系。话语关系是言语交际成立的前提，社会关系和情感关系不仅决定了言语交际中的策略，而且从开始就对话语关系的建立有某种影响。道理很简单：当主体根据交际意图选定交际对象时，必然考虑他和对象间可能的角色关系。角色关系决定了言语交际行为的发生和成败。

（二）意愿和能力假设

言语交际行为是说话人向听话人传达交际意图并希望听话人能满足其交际意图，所以在具体实施交际意图的表达之前，说话人要对听话人是否愿意、有没有能力满足他的意图作出假设。分析一下下面的例子：

(3)老师：去给我拿几根粉笔来。

学生：好的，马上就来。

该例中，老师对学生发出的请求，至少假设了下面两点：

① 学生愿意满足老师的请求；

② 学生有能力满足老师的请求。

如果没有这样的交际假设，老师就不会对学生发出请求。学生的回答证明老师的假设是对的。当然，假设毕竟是假设，说话人的假设有时会落空，导致交际意图无法实现。请看剧作家曹禺《雷雨》中的一段：

(4) 周繁漪　萍，我没有亲戚，没有朋友，没有一个可信的人，我现在求你，你先不要走——

周　萍　（躲闪地）不，不成。

周繁漪　（恳求地）即使你要走，你带我也离开这儿——

周　萍　（恐惧地）什么？你简直胡说！

周繁漪对周萍是抱有一定幻想的（或者说幻想还没有最终破灭），因此上述对话实际上假定了：

① 周萍有能力满足她的请求；

② 周萍可以被说服，愿意满足她的请求。

周萍的回答拒绝了周繁漪的请求，这种拒绝是指向上述假设的。这样的言语交际事例表明，只有当言语交际的主体双方具有相同或至少是相近的假设时，言语交际才有可能取得说话人期望达到的效果。如果说话人不能确定听话者是否具有和自己同样的假设又不想贸然作出假设，那么常常会采用提问的方式要求对方告知这些相关的假设。请看黄允《离婚前后》中的例子：

(5) 冯芒:“你能不能专心地和我讲几句话?”

陈阳直起身子,看着她:“好的,讲吧。”

例(5)的“冯芒”真正想表达的意图是“[请求你专心地和我讲话],这个交际意图的假设有两个:

① 你愿意和我专心地讲话;

② 你有能力和我专心地讲话。

说话人“冯芒”不能确切地知道对方是否具有这种假设,所以用“能不能”这样的提问方式证实这些假设。

说话人对对方意愿和能力的假设影响某些交际意图的话语形式标识方式。如果说话人假定对方不愿意或者没有能力满足他的交际意图,那么他和对方的言语交际关系就不会建立,因为这毫无意义;只有假设对方愿意并且有能力满足他的交际意图时,说话人才会向对方传达他的交际意图。有时说话人无法作出明确的肯定或否定假设,所以在表达交际意图前需要向对方征求意愿和能力的答复(即问对方是否愿意或是否有能力满足他的某种意图)。可见,意愿和能力假设是交际意图传达的两个重要前提,只有当这两个前提成立时这种传达才有意义,否则这个传达就没有意义(被取消了)。言语交际行为中,经常看到说话人的话语形式是指向有关意愿和能力假设的,不过要注意分辨,因为有时这种话语形式真正要标识的却是交际意图。

(三) 背景知识假设

言语交际行为可以视为主体的一种认知活动。在这种认知活动中,主体所具有的各种知识将决定认知效果,即交际的效果。作为主体之一的说话人在实施言语交际行为时,要对参与交际的另一方可能具有的背景知识作出假设,这样才能使他的言语交际行为更有效。叶圣陶的小说《多收了三五斗》中有下面一段叙述:

(6)“先生,给现洋钱,袁世凯,不行么?”白白的米换不到白白的现洋钱,好像又被他们打了折扣,怪不舒服。

例子中的“袁世凯”指的是“印有袁世凯头像的银圆”,就是“现洋钱”。如果读者不具有这样的背景知识,就不能理解上面的话。顺便说一句,传统修辞将上例的表达方式称为借代,但并没有论述借代存在的基础。其实，传统修辞讨论到的借代、比喻等修辞现象其存在基础都与言语交际中的背景知识假设相关，没有这种假设，类似的修辞现象就不可能发生。再看孙犁《荷花淀》中的描述：

（7）……她们摇得小船飞快。小船活像离开了水皮的一条打跳的梭鱼。

如果一个读者不具备有关“梭鱼在水里游动的姿态”这样的知识背景，就对作家上述的描写不知所云。

言语交际行为中，说话人的背景知识假设是假设对方和自己拥有共同的东西，但这种“共有”概念在解释言语交际时会带来麻烦。对此，苗兴伟概括说①：传统语用学认为，话语的理解是建立在“共有知识”的基础之上的。根据“共有知识”假设，要成功地进行交际，交际双方不仅要有共有知识，即“我知道 P”并且“你知道 P”，而且还必须有“相互知信”，即“我知道 P”并且“你知道 P”并且“我知道你知道 P”并且“你知道我知道你知道 P”……这样，就会出现一个无穷无尽的循环验证过程。事实上，“相互知信”并不是一种现实，而是交际参与者所追求的一种理想境界而已，因而也就不能反映语言交际时的认知状态。为了解决共有知识假设带来的解释上的问题，关联理论提出了一个“互为显映”的概念②。交际双方认知语境的互为显映是指他们具备依靠相似的物质环境和认知能力所构成的交际基础。一个事实或假设对某人显映，是说它能被某人感知和推理以获得新的信息并丰富原有的认知环境。

关联理论的“互为显映”的概念很有启发性。在言语交际行为中，说话人关于背景知识的假设实际上也是追求显映并假设双方背景知识重叠的部分，这样才能充分调动主体的认知背景进行认知加工。

（四）命题假设

广义上说，命题假设可以包含在背景知识假设之中。单独解释它是因为在言语交际行为中与命题相关的假设是围绕着意向内容的假设，其重要性更突出一些。我们已经知道，交际意图的结构有两部分构成：意

---

① 苗兴伟．关联理论与认知语境．外语学刊，1997（4）

② 斯波珀，威尔逊．关联性：交际与认知．内田聖二译．日本国研究社出版，1999

向属性和意向内容。意向属性决定了意图的类型，意向内容则可以理解为命题。在交际意图的话语形式标识上，意向属性常常缺省，却保留意向内容——命题。命题是话语形式标识的重要部分。然而命题的构成不是孤立的，它依赖于相关的预设。语用学的研究已经指出，与命题相关的预设分为两种：蕴涵和前提[①]。我们所说的命题假设就是指说话人找出了将要表现的某个命题的可能预设。命题假设的建立不仅使命题的构成可以理解，而且由于这样的假设，使得交际意图和话语形式标识连接的途径丰富起来了。如：

(8) 甲：今天还去接新生吧？

乙：嗯，最后一天了。

(9) 甲：孩子考得怎么样？

乙：去了师大。

(10) 甲：把窗户打开吧。

乙：好的。

例(8)主要的命题预设是“昨天去接了新生”，这是对话的基础。例(9)中甲的预设是“你的孩子参加了高考”，乙的预设是“师大是一所大学”，由此预设甲才能推断出“孩子考上了大学”。例(10)的命题预设是“窗户是关着的”，否则命题没有意义。上述的例子表明，命题假设是命题存在的条件，从而也是意图内容存在的条件。在言语交际中，某种意向内容是建立在与之相关的命题假设的基础之上的，缺少这个基础命题内容就不成立。

在假设阶段，说话人将交际意图激活的各种相关知识要素和交际意图联系起来，形成了有关交际意图表达的各种认知假设。这些认知假设是说话人决定话语形式标识的可能基础，但在实际出现的话语形式标识中到底是由哪些认知假设决定的，需要说话人将这些认知假设放到选择阶段进行进一步的加工处理。

5.1.3 选择决定阶段

选择阶段要解决的问题是对上一阶段形成的认知假设进行筛选，以

① 何自然．语用学概论．长沙：湖南教育出版社，1988．112～114

便找出最适合交际意图的话语形式标识。

§4.2 中我们曾讨论过影响话语意义建构的一些相关原则，这些原则在选择阶段发生作用。根据这些原则，说话人对形成的认知假设进行取舍和平衡。为了言语交际的效果，有些是必须遵守的（如相关性原则）；有的是可以选择地遵守，如简洁性、鲜明性和适宜性原则就是可选择的。显然，原则的利用具有策略意义，这样我们才能解释为什么在言语交际中某个相同的交际意图却可以用不同的话语形式做标识。经过这些原则筛选过的认知假设有的被保留下来，有的被取消，有的被突显出来，而有的则作为“背景”存在。比如“借钱”的交际意图，可以有如下的表现方式：

(11)a．借我点儿钱吧。

b. 能不能借我点儿钱？

c. 你带着钱吗？

d. 我想买这本书，可钱不够了。

这些不同的话语标识方式都与一些认知假设相关，对不同认知假设的选择决定了这些不同的话语标识形式。下面是例(11)几种话语形式标识所突显的不同认知假设：

例(11)a 的认知假设是：

① 对方愿意并且有能力借给我钱；

② 我和对方的关系很亲密，无须考虑礼节或面子。

例(11)b 的认知假设是：

① 和对方关系不是特别亲密，至少要顾及一些礼节或面子；

② 对方是否愿意或有能力借给我钱不十分确定。

例(11)c 的认知假设是：

① 对方愿意借给我钱；

② 对对方是否有能力借给我钱不能确定；

③ 和对方的关系很好。

例(11)d 的认知假设是：

① 对对方是否愿意或者有能力借给我钱没有把握；

② 和对方的关系在地位或情感上有一点距离，需要顾及礼节或

面子；

③ 对方具有需要、购买等方面的知识。

例(11)a-d 分别描述出的假设只是围绕交际意图所形成的假设中的若干个，实际的假设可能还多而且有些是共有的。但决定话语标识方式时有些假设很重要，这正是主体要选择的。

除了选择假设以外，说话人在选择阶段的认知加工还需要决定一件事：确定交际意图表现的途径。关于这些途径，我们在§4.3中详细讨论过。从理论上说，表现某个交际意图的可能途径很多，并不是唯一的；但是在实际的言语交际行为中，主体总是选择一个最佳途径。我们都不乏这样的言语交际经验：当确定了要表达的交际意图时（比如“请求对方做什么”），会在表达方式上花费心思。这就是交际主体能自我意识到的一种“选择最佳途径”的心理状况。有关交际意图表现途径的选择也是要在各种认知假设的基础上，根据曾经提到过的那些相关原则作出。前面我们论述过，交际意图表现的途径就是交际意图和话语形式标识的连接方式，例(11)中各个话语形式和交际意图连接方式的不同是建立在说话人对不同认知假设选择的基础之上的：例(11)a 采用了明示的途径，突出言语交际的简洁性和显著性原则；例(11)b 采取的是暗示的途径，建立在对意愿假设的证实基础上，通过“请求｛告知［能不能借……］｝”和“请求［借钱］”的交际意图连接起来，突出了适宜性原则；例(11)c 也是暗示的途径，建立在对能力假设的证实基础上，通过“请求｛告知［有没有钱］｝”和“请求［借钱］”的交际意图连接起来，突出了适宜性原则；例(11)d 采用的是暗示途径，但与例(11)a 和例(11)b 不同，它对对方的意愿和能力的假设是没有把握的，所以将表达建立在对方具有“需要、购买等方面的知识背景”上，通过“告知［需要钱］”和“请求［借钱］”的交际意图连接起来，突出了适宜性原则。

5.1.4 假设过程和选择过程的关系

说话人认知加工过程的假设形成和选择决策是相互联系的两个过程。虽然从总体上看是认知假设形成在前而对这些假设的选择处理在后，但实际上它们的界限并没有那么明显。一般来说，与某个交际意图相关的知识可能相当多但能在假设阶段激活的却是相对较少，这其中就已经包含了主体的选择：当选择干预时，有些可能的激活就被抑制了。在选择阶段同样也还会有一些认知假设被激活并参与选择性加工，如下图所示：

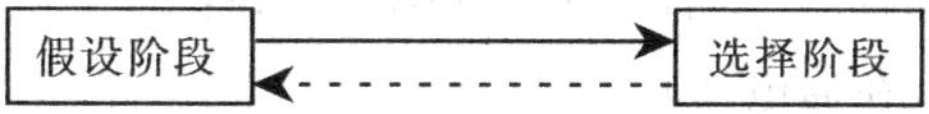

图 16　假设和选择过程的关系

5.2　听话人的认知加工过程

5.2.1　听话人的认知加工步骤

听话人的认知加工从接收话语形式标识开始到寻求到交际意图结束，这一过程的核心问题是听话人如何从话语形式标识寻找到交际意图，即话语的理解。听话人的认知加工过程涉及下面几个阶段：

（一）话语形式标识输入阶段：由说话人生成的话语形式标识经过一些环节在此阶段输入给听话人进行认知加工。话语形式标识的输入会在此阶段激活相关的知识。

（二）形成假设阶段：听话人在被激活的各种相关知识基础上形成有关交际意图的假设。

（三）选择决定阶段：听话人对形成的有关交际意图的假设进行选择以便找出最佳的假设。

（四）形成交际意图阶段：这是听话人认知加工的最后阶段——交际意图形成。

听话人的认知加工在总体上可以组成下面的系列：

话语形式输入──→假设形成──→选择决定──→形成交际意图

图 17　听话人的认知加工过程

在上述认知加工过程中，关键的阶段是形成假设和选择决定。一种话语形式是否有效地标识了交际意图，主要看它是否能激活主体的相关认知假设。只有当主体形成了关于交际意图的某些假设时，才能对交际意图加以选择和确定。

5.2.2 假设形成阶段

输入的话语形式标识在此阶段将激活听话人的相关知识进而形成关于交际意图的假设。这些有关交际意图的假设成为听话人认知加工的初步结果并为后来的进一步加工提供基础。例如：

(12)(两个人在通电话)

甲：我们很长时间没在一起了。

乙：嗯，我现在真是很忙，今天又得出差。

当乙接收到来自甲的话语形式时，可能会形成以下两种交际意图假设：

① 告知［我们很长时间没在一起了］

② 请求［和你在一起］

当甲接收到乙的话语形式时，大概会形成以下三种交际意图假设：

① 告知［承认或确认我说的事实］

② 告知［陈述理由（辩解）］

③ 告知［无法满足我的请求（拒绝）］

从上例可以看出，在假设形成阶段听话人的认知加工所要处理的是话语形式标识激活了哪些交际意图假设。有时话语形式标识只激活一种交际意图假设，有时不止一种。形成假设的多少由输入的话语形式标识状况和听话人的认知状况决定。除了数量以外，听话人形成的交际意图假设还有类型的问题，有关交际意图类型的假设对最终确定交际意图是至关重要的。

输入的话语形式标识所以能激活听话人的知识进而形成关于交际意图的假设是因为关联性的存在。言语交际行为的主体——无论是说话人还是听话人，在参与言语交际行为时有个基本的交际假定，即话语形式标识一定和某种交际意图相关联。说话人在为某种交际意图选择话语形式标识时首先要遵守的就是这种关联性原则，而听话人也是在关联性原则的支配下寻找由话语形式标识的可能交际意图。在具体的言语交际中由于关联性的假定存在，言语交际主体可以将表面看起来无关紧要的话语和特定的交际意图连接起来使之成为有意义的交际。例如：

(13) 衫风："在这里遇到你真高兴，这是不期而遇吧？恐怕真是有缘分呢！"

月光轻蔑地看了他一眼："……"

衫风："我和小赵也没什么……"

月光："那边还有两个姑娘在等着你呢！"

这是剧作家黄允《离婚前后》中的对白。表面看起来两个人分别说的三句话没有关系，但其实双方都知道话语所关联的交际意图：

"杉风"的交际意图是：

① 告知［我和小赵没有关系］（解释）

② 请求［恢复我们以前的关系］

"月光"明白"杉风"的上述意图，其回应所表达的意图是：告知［不想恢复以前的关系］（拒绝）

有的时候，听话人由于某种原因找不到话语形式和交际意图的关联就无法正确地理解交际意图。下面是曹禺《日出》中的一段：

（14）李石清　月亭——（仿佛不大顺口）经理知道了市面上怎么回事么？

潘月亭　（故意地）不大清楚，你说说看。

李石清　（低声密语）我这是从一个极秘密的地方打听出来的。现在您可以放心，我们这一次公债算是买对了……

潘月亭　（唯唯否否）是……是……是。我听福升说你太太——

李石清　（不屑于听这些琐碎的事）那我知道，我知道——我跟你说，我们说不定有三十万的赚头……

潘月亭　是的，是的，是你的太太催你回去么？

李石清　不要管她，先不管她。我提议，月亭，这次行里这点公债现在我们是绝对不卖了……

潘月亭　石清，你知道你的儿子病了么？

李石清　不要紧，不要紧——（更紧张）我看我们还是买。对！

潘月亭　石清！你还是先回家看看吧，你知道你儿子病得很重么？

李石清　你何必老提这个？

潘月亭　我看你太高兴了。

李石清　不错，这次事我帮您做得相当漂亮。我的确高兴！

潘月亭　（冷冷一笑）对不起，我忘了你这两天做了襄理了。

李石清　经理，您这句话是什么意思？

在这段较长的对话中，“李石清”的交际意图是和“潘月亭”讨论银行买公债的事，可“潘月亭”却说了四次有关“李石清”的妻子和儿子的事，他的交际意图是“别管我银行的事了，关心你自己（你被解雇了）”。然而，“李石清”只把“潘月亭”的话当做“告知”，并没有真正理解“潘月亭”的话和交际意图的关联，直到最后一次才就“潘月亭”的交际意图提出疑问（即“要求被告知”），此时才意识到“潘月亭”的话语形式有某种别的意图在里面。

上述例子还向我们表明，听话人对交际意图的假设有时不是一次就能形成的，需要随着言语交际的进行不断地作出假设。

5.2.3　选择决定阶段

听话人在假设阶段形成的有关交际意图的假设要在选择阶段进行筛选。不论形成的假设有多少（即便只有一个），也必须经过该阶段的选择和鉴定才能得到确认。该阶段的任务是选择出一个最佳的交际意图假设。

当话语形式标识激活了一个以上的交际意图假设时，听话人并不是照单全收。这些被激活或形成的交际意图中有的接近说话人的真正意图，有的则不是。到底哪一个才是接近说话人的意图的呢？这就需要听话人的选择和辨识。言语交际行为的经验表明：虽然被话语形式标识激活的交际意图有同等的地位，但由于交际环境和主体状况等因素的差别，它们各自的强度被修正了。当某个交际意图和当下的认知环境不相矛盾或相比之下矛盾最小时，这个交际意图就会被加强并在相关的认知假设中被突显出来，成为听话人的最佳选择。否则，就被抑制。不难看出，交际意图选择的认知过程受主体自身状况的认知背景和情景的认知等因素的影响。例如：

(15) 妈妈：快睡吧。

女儿：妈妈，我害怕。

爸爸：都十五了，还害怕啊？

女儿：那也害怕。

妈妈：好，我陪你睡，行了吧。

女儿：还是妈妈了解我。

爸爸：我自己啊？

女儿：你不害怕嘛！

上述一家人的对话中，女儿的话可以和两种交际意图连接：

① 请求［和妈妈一起睡］

② 告知［我害怕］

在两种交际意图中，①才是女儿真正要表达的。妈妈对女儿的了解多一些（或许以前也有过这样的经验），所以马上理解了女儿的意图；爸爸对女儿的了解就差一些，所以理解的是②。

听话人对交际意图的选择有时不是一蹴而就的。如果听话人倾向选择某个交际意图假设但不能决定，就需要进一步去证实他的选择——看是否接近说话人的交际意图。证实的方式有两种：一个是直接按照自己的选择倾向对说话人作出反应，通过说话人的反馈来验证自己的选择。请看下面的例子：

（16）女孩儿：这花儿真漂亮啊！

男孩儿：是漂亮。

女孩儿：我太喜欢了。

男孩儿：那我送你吧。

例(16)中女孩儿的话可以有以下三个交际意图：

① 告知［花儿漂亮］

② 意愿［要那样的花儿］

③ 请求［送我花儿］

男孩儿开始的言语回应无疑是将女孩儿的话只当成①了，随着女孩儿的进一步“启发”才理解为③，这正是女孩儿要表达的。

第二种方式是通过对交际意图的进一步询问去确证。在日常的言语交际行为中我们经常会发现这样的现象：听到对话一方在问“你说这话什么意思啊”、“是不是要回去呀”，这无疑都是在进一步证实说话人的交际意图。

和说话人的认知加工一样，听话人在选择阶段的认知加工仍然遵循我们在§4.2中所提出的那些相关原则。这些原则是对交际意图假设进行选择和鉴定的标准。最佳的交际意图假设的选择是在这些原则的综合平衡中完成的。

应该指出的是，我们所说的最佳交际意图假设是指在各种相关的原则之间取得某种平衡的假设，与斯波珀和威尔逊的“最佳关联”的概念是不同的。“最佳关联”是指主体投入的认知努力和关联的关系，并没有考虑关联的状态。其实，任何关联都是有条件的，都是在某种状态下的关联。可以这样认为：话语形式标识和交际意图的关联是绝对的，但它必须体现为某种具体状态下的关联，因此又是相对的。与斯波珀和威尔逊不同，我们认为：主体投入的认知努力的大小与某种状态下话语形式标识和交际意图的关联没有直接关系，而和交际主体的言语交际经验及认知状态有直接关系。我们知道，话语形式标识和交际意图的连接有各种途径，这些途径并没有必然的关联程度高低的差别。不同的途径可能有适应各种原则方面的不同，这是主体在选择阶段要考虑的。

假设形成和选择确定是密不可分的两个认知加工阶段，界限其实也不明显。在假设阶段交际意图的形成就有了认知主体的选择；在选择阶段还会有交际意图假设形成，两个阶段是交织在一起的（参看图16）。

5.3 主体的动态认知过程

5.3.1 说、听双方的认知加工过程

言语交际行为是言语交际主体共同完成的信息加工行为，前面我们分别讨论言语交际行为中说话人和听话人的认知加工过程。信息的编码和解码分别由两个不同的主体承担并在各自的心理完成。这两个过程由交际意图和话语形式标识连接起来，组成一个动态的认知过程：

上面的描述不过是我们从认知的角度对人的言语交际行为作出的一种理论推测，其中的许多细节并不清楚。对交际主体认知过程的这种推测有下面几点需要说明：

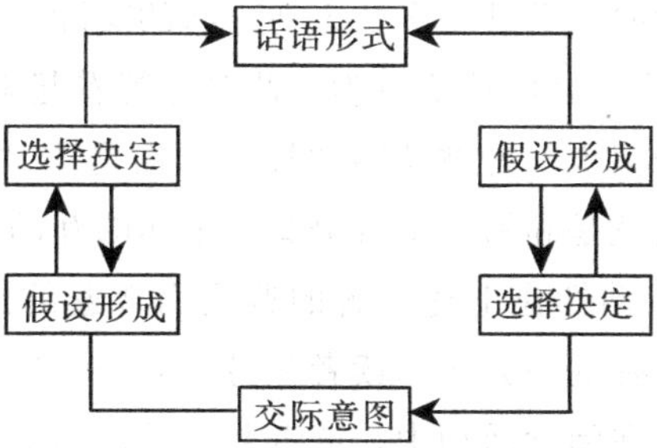

图 18　话语意义建构的认知加工过程

第一，言语交际主体的动态认知加工开始于交际意图，也终止于交际意图。对说话人来说，他的认知加工是以交际意图为基础的；对听话人来说，交际意图是他的认知加工目标。交际意图是联系说、听双方——言语交际主体的内在因素，整个认知加工过程是围绕着交际意图进行的，没有交际意图这种认知加工过程就不会存在。

第二，话语形式不仅是交际意图的标识，而且是连接交际主体的外在因素。这是区别于其他交际行为的指标。离开了话语形式，就不成其为言语交际行为。更为重要的是：在整个认知加工过程中，说话人的认知加工努力在于生成一个适宜表现交际意图的话语形式标识；听话人的努力则表现为从接受到的话语形式标识中寻求到正确的交际意图。话语意义正是在这样的过程中被建构出来。

第三，主体双方的认知加工经历相同的过程，在加工过程中遵循相同的原则和途径，差别表现在两个方面：

① 激活并形成假设的“刺激”不同：说话人的假设形成于内在的交际意图；听话人的假设形成于外在的源于说话人的话语形式；

② 加工方向不同：说话人是从交际意图到话语形式，听话人是从话语形式到交际意图。

5.3.2　认知加工的互动性

经常听到人们说，言语交际行为是一种互动行为。其实很多人说的“互动”差不多和“双向交流”的概念是一致的，是指言语交际中说、听双方的话语有来有往，交替出现。这样理解的互动性虽然不错，但显然只是一种表层的或外显的互动性。我们可能都有这样的经验：在加入一种言语交际行为时，尤其是多数人在一起的交际，可以在心里和对方“交谈”而不外显为实际的话语行为。此时尽管看起来没有外显的互动，但对对方话语的理解也不是被动的“接收”而是主动的“寻求”，这种主动的“寻求”也就是和另一个言语交际主体的互动行为。

最能支持对互动性作上述理解的典型而普遍的经验事实是阅读活动。阅读是言语交际的一方——读者和另一方——作者进行的一种特殊的言语交际行为。在阅读活动中，读者并不是被动地接受作者提供的本文（即话语），德国学者伊瑟尔（Wolfgang Iser）指出①：

> 阅读不是一种本文在读者心灵中的直接“内化”，因为阅读活动不是一个单向的过程……语言学符号和本文的结构，在读者理解活动的不断激发下发挥其功能。也即是说，读者的理解活动虽然是由本文引起的，但却又不完全受本文的控制。的确，阅读以创造性建构作为其全部活动的根基……

在这里，伊瑟尔强调的是读者理解的主动性和建构性，本文只有在读者理解的激发下才有意义。阅读或书面语的言语交际虽然看不到交际双方外在的互动行为，但却有一种看不见的内在互动。这种内在的互动性体现在言语交际主体的认知方面，言语交际中主体的认知加工活动就是一种认知的互动过程。在我们看来，关联理论所说的认知语境“互为显映”就是言语交际主体的“认知互动”，即在言语交际行为中交际主体围绕着交际意图不断地“调动”各自的认知背景以求得最佳的认知重合（即趋同），从而取得最佳交际效果，话语意义也由此产生。正如耶夫·维索尔伦（Jef Verschueren）所说：“意义的生成总是动态的，而且是互动的。”②

5.3.3 意义的建构性

本章开始的部分我们把言语交际行为中主体涉及的两个内在过程叫做编码和解码，这是一种比较普遍的说法，最早由奥斯古德（C. E.

① 沃尔夫冈·伊瑟尔．阅读活动．金元浦，周宁译．北京：中国社会科学出版社，1991．128

② 耶夫·维索尔伦．语用学诠释．钱冠连，霍永寿译．北京：清华大学出版社，2003．183

Osgood）提出[①]。然而应该注意的是，言语交际主体的认知加工不同于“单纯”的编码和解码——我们的意思是说——它不同于使用摩尔斯密码发电报这类行为。发电报是将语言（准确地说是文字）按事先约定的规则转换成特定的代码，主体的认知加工只是按照规则将代码和语言文字一一对应起来，这是一种由规则严格控制的机械操作，并不涉及任何意义。因此，发电报和言语交际不同，它不是表现意义的行为[②]。

言语交际行为是人的一种“意义行为”，话语意义是在交际主体的认知加工中产生出来，这个过程体现了主体对意义的创造。前面已经讨论过，在言语交际的主体认知加工过程中，说话人的目标是给交际意图选择一个适宜的话语形式标识，听话人的目标是从话语形式标识中寻找到正确的交际意图，认知加工围绕着交际意图和话语形式进行。话语意义不是预先存在的，它是在主体的认知过程中建立的。认知语言学家认为，语言意义不完全存在于客观现实中，而存在于一种复杂的认知活动中，是一种心理和现实相互作用的结果[③]。话语意义是言语交际主体的心理和现实相互作用的结果，是被言语交际主体通过认知操作的一种结果。

5.4 话语意义建构是主体知识的重组过程

5.4.1 话语意义是主体的认知建构

关于话语意义，我们曾试图申明如下观点：

第一，话语意义不是先于言语交际行为存在的，而是在言语交际的过程中产生的。

第二，言语交际意图应该视为话语意义的核心，它是在言语交际开

① 李茂政．大众传播新论．台北：三民书局，1984．39～40

② 电报的内容是靠语言来解释的，不是它本身代码的意义。尽管有所谓“电报语言”的说法，也只是指由于经济原则的关系电报尽可能发得少，但这只能从言语交际的“语体”方面去认识，而不是代码本身的意义。

③ 余渭深．复合空间模式在语言理解研究中的应用．见：束定芳主编．语言的认知研究——认知语言学论文精选．上海：上海外语教育出版社，2004．551

始之前形成的，话语意义是以交际意图为核心建构起来的。

第三，话语形式不是交际意图的外在“包装”，对交际意图的表达来说，话语形式只是一种“标识”；对交际意图的理解来说，话语形式只是一种“线索”。

第四，交际意图和话语意义不同。言语交际行为的目的是表现和寻求交际意图而不是为了话语意义，话语意义不过是在这种表现和寻求过程中产生的结果。

上述四点的核心是如何看待话语意义。我们认为话语意义不同于交际意图但包含交际意图，话语意义是以交际意图为核心建构起来的。重新审视以往有关话语意义的理论，我们发现它们在这一点上并非十分清晰——这从这些理论所使用的一些核心概念中就可以看得出来。奥斯汀言语行为理论的核心概念是“言语行为”，认为说话就是实施一种行为，交际的基本单位是行为而不是句子。为此，奥斯汀着力论述了“言之所为”，对“行事行为”作出了较为详细的描述。不过奥斯汀显然忽视了“行事行为”并不能等同于话语意义这个问题，只从行为的角度不能解释话语意义的全部内容。经验告诉我们，实施了同样行为的话语，其意义并不完全相同。塞尔的间接言语行为理论没有离开“言语行为”的概念，只是进一步概括了实施言语行为的两种不同方式或途径以便对“字面意义”和“言外之义”作出一个理论的解释。也就是说，塞尔仍然没有注意分辨言语行为和话语意义，丧失了从“直接言语行为”和“间接言语行为”出发去解释话语意义的机会。

格莱斯会话含义理论的核心概念是“会话含义”，他发现言语交际中除了话语的“字面意义”还有“会话含义”，认为后者是从前者推导出来的。为了解释这种推导，格莱斯提出了合作原则。但格莱斯的会话含义只是相对于非会话含义（或字面意义）说的，并没有说它本身是什么。从格莱斯关于会话含义推导的阐述中我们发现，他所说的“会话含义”就是奥斯汀的“施为行为”。这样，我们很难明白在格莱斯理论中的“字面意义”和“会话含义”是否都是话语意义？哪一个是话语意义？

斯波珀和威尔逊的关联理论产生于对格莱斯理论的修正之中，尽管其结果是发展出一种与格莱斯不同思路的理论，但对话语意义的看法并没有跳出格莱斯的范围。斯波珀和威尔逊强调“明示——推理”的交际模式，根据何自然、冉永平的解释①，前者指语言结构的逻辑形式（即语义原型），后者指逻辑形式转换成话语命题之后推导出的隐含意义（即说话人意义），明说与隐含指说话人要表达的意义和意图。显然，关联理论也没有对话语意义究竟是什么给予明确的说明，基本上是沿用了格莱斯的观点。

区别交际意图和话语意义极为重要，这样做不仅能消除“字面意义”、“会话含义”和“言外之义”等概念的模糊，而且能为合理解释言语交际的意义问题提供一个基础。我们知道，语用学的中心论题是研究人怎样使用语言进行有效的交际。有效的交际首先表现在要有明确的交际目的（即交际意图），这是有效交际的必要条件；其次，有效交际要有能保证交际意图得以充分表现的方式——合适的话语形式。这样一来，语用学的中心论题就可以归结为如何用合适的话语形式去表现交际意图的问题，即说话人如何选择表现交际意图的话语形式，听话人如何根据话语形式寻求到交际意图。这一过程我们在前面已经从主体认知加工的角度作出了描述。在我们的描述中，话语形式不是交际意图的外化包装，而是说话人为交际意图选择的外在标识；对听话人来说，话语形式则是寻求交际意图的线索。根据这样的描述，内在交际意图和外在话语形式标识的关系就是言语交际行为中主体认知加工要处理的核心问题。

交际意图是言语交际行为的动机和目的，是主体认知加工的主要目标。在由交际意图到话语形式标识再到交际意图的这个过程中，交际意图和话语形式标识之间的关系距离给主体的认知加工提供了空间，话语意义正是在这个空间中产生的。我们可以这样来想象：交际意图和话语形式标识是处在心理空间中的两个点，从一点到另一点实际上有多种可能，认知加工的任务就是在诸多的可能性中选择一个最佳的。选择当然是有条件的，不同的选择条件决定了意义的差别。显然，话语意义就是

---

① 何自然，冉永平．话语联系语的语用制约性．外语教学与研究，1999（3）

在这样的空间中由主体的认知加工建构出来的。

以往的一些研究者将言语交际的意义分为“字面意义”和“言外之义”（或“会话含义”），这样的解释至少在客观上造成了如下印象：以为“字面意义”是可以直接得到的，“言外之义”需要主体认知加工的努力，甚至只把经过认知加工努力得到的东西才视为“话语意义”。其实，“字面意义”也不是“直接”就能得到的，必须经由认知的加工。也就是说，“字面意义”和“言外之意”在本质上没有区别，它们都是话语意义。“字面意义”和“言外之意”的不同可能只在于认知加工方面的差异。比如同是“请求［打开窗户］”这样的交际意图，至少可以有下面两种说法：

(17)a. 把窗户打开。

b. 屋子里有点热了。

在特定的交际场合，上述两种话语形式能表现同一种交际意图。一般认为，例(17)a是直接用的“字面意义”，例(17)b是“言外之义”。但仔细体会一下不难发现，两者的话语意义不同：前一例不是那么委婉，是对熟人的方式；后一例是委婉的说法，用于非熟人之间。换句话说，围绕着同一个交际意图，构建了两种含有不同社会文化意义的话语意义。这样两种不同话语意义的构建都同样需要认知加工，不同的是例(17)b较之于例(17)a多出了一个常识推理的环节。再看下面的例子：

(18) 学生：老师，现在忙吗？

老师：忙。

学生：那我再找时间和老师谈吧。

和例(17)不同，上例中同一个话语形式“现在忙吗？”表现了两种具体的交际意图：

① 请求［和老师谈谈］

② 请求｛告知［忙不忙］｝

从学生接下来的话语中可以知道，他的交际意图是①。当然，老师的回答“忙”也是有两种意图的：一个指向①，满足了学生“告知”的请求；另一个指向②，没有满足“谈话”的请求。

言语交际经验一再表明，交际意图和话语形式之间存在一个选择连接的空间，这种选择是言语交际主体调动他的知识完成的。因此，我们说话语意义是以交际意图为核心的认知建构，这种认知建构就体现为主体在言语交际行为的认知加工过程中将其所具有的各种知识激活、连接和重组。话语意义可以看成是认知主体知识的一种以交际意图为核心的临时组合状态，如下图所示：

图19　认知背景知识在建构话语意义中的动态过程

在话语意义的建构过程中，作为交际主体的说话人为了给交际意图选择合适的话语形式标识促使自己调动起各种相关知识，在这些相关知识的“参与”下说话人选择了话语形式标识。在这个过程中，那些“参与”选择的相关知识以某种方式组合起来成为说话人的话语意义，话语形式标识就“提示”了这种意义。作为交际另一主体的听话人，通过接收到的话语形式标识激活他认知背景中的相关知识，在这些相关知识的“参与”下寻求到交际意图。同样，这些相关知识也是围绕着交际意图组合起来的，是听话人“理解”出来的话语意义。“理解”不是被动地接受说话人提供的话语意义（事实上，说话人并不“提供”话语意义，只是“提示”这个意义），而是主动的认知加工。话语意义就是在言语交际主体的这两种认知加工的过程中产生的，它是主体认知背景中相关知识的激活、连接和重组。任何话语意义的建构都离不开这种过程——无论是所谓“字面意义”还是“言外之意”，它们的差别仅仅在于激活的相关知识范围不同，连接和重组的方式不同。

5.4.2　相关知识的激活

相关知识的激活是话语意义产生的前提。有了这个前提，才会有后面相关知识的连接和重组。言语交际中，激活相关知识就是把主体认知背景中的那些与交际意图相关的知识调动起来，没有这种调动话语意义就不可能形成。

我们说的相关知识不是指一种“纯”客观的东西，它应该是被交际主体认知到的，是一种认知背景（斯波珀和威尔逊将其称为“认知语境”）。在言语交际中由于主体的认知差异，每个交际主体所具有的认知背景可能不同，这就会导致话语意义建构上的差别。理想的言语交际所要追求的目标是：听话人理解的东西应该尽可能地和说话人一致，即听话人“理解”的话语意义和说话人要“表达”的相同。言语交际要达到这一目标，就必须保证说、听双方拥有相同的认知背景，然而这是很难做到的。因此，言语交际中交际双方所能被激活的相关知识的共性越多，话语意义就越趋向一致，相反就会出现说、听的分歧，也就是理解的偏差。

从另一个方面看，在言语交际行为中主体的认知背景不是个静态的存在，而是动态的。这种动态性体现在主体被激活的相关知识是不断在变化着的，随着交际意图和话语形式等因素的变化，主体的认知背景也在不断地改变和调整以适应认知加工的需要。正因为如此，说、听双方的认知背景才能不断地接近从而使建构出来的话语意义趋向一致。

主体的知识是个很大的范围，但并不是在每一次言语交际时都把所有的知识调动出来，这既无必要，也不可能。其实，在每一次言语交际中被激活的只是主体知识中的某一部分。那么究竟哪些知识会被激活而成为建构话语意义的认知背景呢？回答这个问题需要从两个方面去考虑：一个是言语交际的相关假设问题，一个是话语形式问题。前者是基本的，后者是在前者的基础上加以考虑的。

斯珀波和威尔逊的关联理论认为言语交际有一个关联假设，即话语形式一定与认知环境相关，话语理解就是寻找最佳的关联。关联理论为人们解答话语理解问题提供了很具启发性的思路。不过，她们所说的话语形式和认知语境的相关假设还显得有些笼统。我们认为，言语交际的相关假设应该是有关交际意图的假设，即在言语交际行为中交际主体假定话语形式一定和交际意图相关联，因为没有交际意图任何交际都不可能发生。说话人的认知加工就是围绕着交际意图生成与之相关的话语形式标识，听话人则根据话语形式标识努力去寻找与之相关的交际意图。话语形式与交际意图相关联的假设是言语交际中主体认知加工努力的动力因素。

话语形式是交际意图的标识，它们两者之间关系的质量从某种意义上决定了所能激活的认知背景的范围。言语交际经验表明：由于交际意图和话语形式之间关联性的不同，所能激活的主体认知背景有的相对简单、狭窄，如前面的例(17)a；有的就复杂、宽泛得多，如前面的例(17)b。一般来说，正在形成语言能力期间的儿童在言语交际中所能激活的认知背景就简单一些，俗话说的“童言无忌”就是指儿童的话语直来直去，不绕弯子，指向性明显。也就是说，激活的认知背景由于其范围狭窄，理解起来容易得多。和儿童的言语交际行为类似的是初学第二语言的人，由于对所学语言的交际规范不是很了解，掌握的语言表达方式有限，往往采用最直接的言语交际方式。

表面看起来言语交际中主体被激活的认知背景范围的大小与话语理解的速度有直接关系：激活的范围大，认知需要加工的东西就多，加工的速度就慢一些；激活的范围小，认知需要加工的东西少，速度就快。然而实际情况并不如此简单。在成人的言语交际行为中，有时尽管激活的认知背景范围很大，需要认知加工处理的相关知识很多、很复杂（比如复杂的隐喻），但加工的速度却相当快。言语交际行为的这种现象告诉我们，认知加工效果——速度和质量与交际主体的认知状况有关。言语交际行为是本着合作的精神进行的，参与交际的双方就是要彼此能了解交际意图。说话人总是在特定的交际环境下，在对听话人所能具有的认知状况作出了较为充分的假设基础上，才选择了特定的话语形式标识。而听话人也总是能对说话人的认知状况有个基本的估计，在接受到了话语形式标识后对其意义作出某种程度的预测。因此，成人之间的言语交际行为认知加工的速度很快。

认知心理学中控制性加工和自动加工的理论可以部分地解释上述言语交际现象。关于这两种加工过程，王甦和汪安圣概括说：控制性加工是一种需要应用注意的加工，容量有限，可灵活地用于变化着的环境。自动加工不是受人控制的加工，无需应用注意，没有一定的容量限制，而且一旦形成就很难予以改变①。从认知心理学的角度看，人的言语交际行为也存在着控制加工和自动加工这两种认知加工方式。有的言语交际行为看似复杂，但加工的速度极快，是无须注意就能完成的；而有的看起来简单，却要应用主体的注意才能理解。前者应该是自动的，后者则是控制的。

5.4.3 相关知识的连接

主体的认知背景是由各种知识构成的，在言语交际中被激活的各种知识会以某种方式连接在一起，这些相关知识的连接导致了话语意义的产生。

人的认知背景构成十分复杂，很难从整体上给出一个恰当的描述。为了不同的研究目的，人们可以作出不同的分类概括，如认知心理学将人长时记忆中信息（即知识）的存储分为情景记忆和语义记忆、外显记忆和内隐记忆、陈述性记忆和程序性记忆②。从话语意义建构的角度看，既然各种知识最终构成话语意义，那么我们就可以从认知背景的各种知识在话语意义构成中所具有的作用方面进行概括。本书第三章我们根据话语意义构成成分的性质概括出表事的、表意的、表情的和表象的四种意义范畴，从话语意义的来源上概括出主体需要、交际主体状态、交际背景、交际情境、语言结构和副语言等六种。当然，无论这些相关知识来源于哪个方面，可能以什么样的外在形式表现，只要在言语交际行为中被激活，那么在参与话语意义建构时就至少表现为上述四种范畴。

上述四种知识的范畴是从各种知识中概括出来的可能属性，但并不是说每一种都“单独”地存在，实际上它们是渗透在各种知识之中的。相对而言，各种相关知识的激活也不是一个一个地完成的——它们可能被同时激活。在言语交际行为中，被激活的各种知识彼此连接在一起形成话语意义。或者说，说话人用各种知识的连接表达了话语意义，听话人从各种知识的连接中理解了话语意义。前面我们讨论过，话语意义的核心是交际意图，话语意义是围绕着交际意图这个核心建构的。在话语

---

① 王甦，汪安圣．认知心理学．北京：北京大学出版社，1992

② 梁宁建．当代认知心理学．上海：上海教育出版社，2003

意义的认知加工中，从总体上看各种被激活的相关知识的连接也是以交际意图为核心的，交际意图使得各种相关的知识连接在一起。相关知识的连接表现在两个方面：一个是被激活的相关知识均指向交际意图假设，和交际意图连接；另一个是被激活的相关知识彼此发生连接关系。

其实，相关知识和交际意图的连接在这些知识被激活时就已经发生了，激活就是一种连接。我们前边说过，认知背景中的相关知识能被激活取决于两个因素：交际意图假设和话语形式。这样，被激活的相关知识就必然地和这两个因素有了连接关系。激活和连接是从不同的角度看问题：激活是输入的刺激（话语形式及交际意图假设）将认知背景中的相关知识“调出”，被“调出”的相关知识和输入的刺激连接。

在接受到话语形式时，听话人可能会形成不止一种有关交际意图的假设，如果这样的话，所能出现的交际意图假设就会激活符合不同假设的相关知识并与之连接，虽然人们往往能很快地确定符合说话人意图的连接。用联结主义理论的说法就是：激活的强度有所不同，只有权重较大的才可以被选择①。

交际意图和相关知识的连接有各种不同的方式。前面我们曾经讨论过话语形式选择和理解的途径，在话语形式和交际意图标识关系的基础上，将话语形式标识选择和理解的途径概括为明示、暗示和隐喻三种。这些途径也可以用来描述交际意图和相关知识的连接关系，只是“相关知识”的范围要大得多。

5.4.4　相关知识的重组

被激活的相关知识以各种方式和交际意图连接起来，最终导致了以交际意图为核心的相关知识的重新组合。相关知识的重新组合是相对于原有知识的静态状态而言，重组意味着动态的建构。斯珀波和威尔逊所说的“最佳关联”实际上就是相关知识的重组。

由于在重组之前相关知识已经被激活并和交际意图假设连接，所以

---

①　用联结主义来解释言语交际中相关知识和交际意图的连接或许更为有效，不过那将是一个更为复杂的工作。关于联结主义可参阅：John B. Best. 认知心理学. 黄希庭等译. 北京：中国轻工业出版社，2000

相关知识的重组就是在各种连接中进行选择的过程。重组是选择最适宜的相关知识和交际意图的连接。重组过程中有一些原则支配着人们的选择，这些原则我们在前面讨论过，即相关性、显著性、简洁性和适宜性。话语意义的建构就是在这些原则的制约下以交际意图为核心并将相关知识加以重组的过程。

话语意义在相关知识的重组中形成，话语意义的临时性源于相关知识重组的暂时性。相关知识的重组是在特定的言语交际行为中发生的，交际行为结束了，重组就消失，除非某种重组反复出现以至被放进长时记忆中去，成为主体认知背景的一部分。

结　语

从认知心理学的理论方法出发解释话语意义问题，不同于语言学和哲学的研究。将言语交际行为当做信息加工的过程使我们能够动态地看待话语意义的建构问题，本书关于话语意义建构的讨论始终是在这样的思想指导之下进行的。沿着这样的思路，下面是本书想得到的一些主要结论：

（一）话语意义是个整体，它是以交际意图为核心和环绕这个核心的衍生意义构成的。这样看待话语意义不仅改变了以往研究理论对话语意义整体的分割处理，而且为进一步揭示话语意义的认知过程奠定了一个基础。

（二）话语意义是围绕交际意图的认知建构。这种认知加工的过程在说话人那里表现为以交际意图为核心生成话语形式标识，在听话人那里表现为根据话语形式标识的“线索”寻求交际意图。话语意义是在主体的这种认知加工的过程中建构出来的。

（三）话语意义是言语交际的主体——说、听双方共同建构的。在建构的过程中，说、听双方都要经历两个相同的认知加工过程：认知假设的形成过程和选择决定的过程。他们受相同认知因素的影响，遵守同样的选择原则，有着共同的途径。话语意义的建构是在言语交际主体的认知互动过程中实现的。

（四）话语意义的建构体现为言语交际主体内在知识的激活、连接和重组的动态过程。话语意义本质上是言语交际主体内在知识的相互映现，映现的过程就是主体将长时记忆中的知识调出，在短时记忆中将这些调出的知识加以重组从而产生话语意义。

上述结论是通过运用认知心理学的相关理论对人们的言语交际行为加以分析得到的。当然，任何理论分析都带有某种假定性，但只要这种假定符合必要的逻辑推断条件，就可能具有部分的解释力并能给实证的研究提供方向。在本书的开始部分我们曾说过，由于能力的局限，我们目前还无法对话语意义建构问题作出实证方面的研究。除了本人的学术背景及能力外，客观上通过实验的方法对话语意义建构作出分析会面临一个主要的困难：无法在实验的环境下重建自然状态下的言语交际行为，实验者的任何提示都将影响被试者的话语意义建构过程。话语意义研究不同于词语、句子的产生和理解的研究，篇章阅读的研究方法也不完全适合于话语意义研究。话语意义研究应该有新的实验方法，找到一种适宜的实验方法肯定会推进话语意义建构的研究。

关注的是心理学，包括语言学强调言语交际行为主体的必然结果。车文博教授在对西方心理学研究的总结评述时写道[①]：

> 言语(Speech)或语言(Language)是现代认知心理学中一个重要的研究领域。人的言语活动既包含着复杂的心理活动，又参与诸如感觉、记忆和思维等许多不同的心理活动。由于行为主义否定意识和内部心理过程，用刺激—反应公式和强化原则来解释言语活动和儿童言语获得，因而一直到20世纪50年代心理学并未能有效地开展言语研究。而现代认知心理学深受乔姆斯基转换生成语言学理论的影响，把语言看做是一个生成系统，在语言结构（Linguistic Organization)、言语理解(Speech Comprehend）和言语产生（或表达）(Speech Production)等方面取得了重要的研究成果。

其实，语言学的研究也受到了行为主义的影响：注重语言的外在结构形式的描写而忽视意义的研究，忽视语言运用的研究。语义学和语用学的兴起和发展冲破了形式语言学的羁绊，拓展了语言学研究的视野，语义和语言运用的研究逐步成为研究者关注的热点。随着语义学和语用学研究的深入，它们终于不再是形式语法的附庸（这从乔姆斯基的语法理论的演变过程中就可以看出），而成为真正独立的学科领域。当人们试图深入解释语言的意义和语言的运用时，发现它们无法截然分开，而

① 车文博．西方心理学史．杭州：浙江教育出版社，1998．610～611

这一切均与使用语言的主体——人有关。于是，语言的研究不再是仅仅把语言当做一个外在的“客观现象”，而必须进入人的心理，否则对语言的解释就是不充分的。认知语言学的出现表明了语言学这种发展的必然趋势。文旭在谈到认知语言学的研究目标时说①：

> 当代语言学的一个基本特点就是对认知现实主义（Cognitiverealism）的承诺，即确认语言是一种心理或认知现象。语言学诸多门派都以探索隐藏在大脑中具有普遍性的人类语言机制作为终极目标。换句话说，语言分析的目的不只是描写人们的语言行为，而是解释引起语言行为的心理结构和心理过程，揭示语言行为背后内在的、深层的规律。

认知心理学、心理语言学以及诸多在认知语言学旗帜下的理论都关注语言的内在心理结构和过程，虽然研究各有侧重，但基本都没有离开句子和语篇的产生与理解方面。然而，话语意义是言语交际行为中的核心问题，它是由句子“带出”的，但仅从句子产生和理解的角度并不能对其作出合理的解释。斯波珀和威尔逊将话语意义的研究置于认知心理学的理论基础之上，开认知语用学研究之先河。我们关于话语意义建构的讨论就是在这样的背景下进行的。

在确定从认知心理学的角度研究话语意义这一课题时，正如已经看到的那样，我们并没有考虑句子层面的表达和理解问题，而是假定了言语交际者已经能够以某种方式对句子进行认知加工。当然，作这样的假定可能会面临一定的危险，因为句子作为话语意义的“提示”形式连接了言语交际行为的主体双方，对它的认知加工必然会影响到话语意义的建构。不过，从整体主义出发去看问题，话语意义建构涉及言语交际主体对整个言语交际行为的把握，这种整体的把握也必然会对句子的认知加工发挥作用。迈库（Gail Mckoon）和雷克利夫（Roger Ratcliff）在回顾 90 年代的心理语言学研究时指出：在将来，句法处理研究和意义

---

① 文旭. 认知语言学的研究目标、原则和方法. 外语教学与研究，2002（2）

方面的研究一定会交于一点[1]。他们所说的“意义”研究当然包括话语意义在内，所说的“交于一点”意味着研究者能够对人们究竟如何在言语交际中对语言进行加工作出理想的解释。因此，无论从哪一个方向上朝这个理想迈进都是可能的。

更耐人寻味的是，迈库和雷克利夫给他们上述文章写的标题是“以记忆为基础的语言处理：90 年代心理语言学研究”。由此不难看出语言研究的认知心理学取向。在该篇文章中，他们还预测有四个突出的途径可以使研究取得进步：“研究句法与意义之间的互动，研究从长时记忆中被动地搜寻的信息与新建的信息之间的互动，研究篇章是如何唤起读者的感情的，通过语料库提供的经验数据来检测各种理论思想。”其中，“研究从长时记忆中被动地搜寻的信息与新建的信息之间的互动”正是言语交际过程中意义产生和理解的过程。我们关于话语意义建构的研究正是在这样的途径中迈出的一小步，虽然还不坚实，但我们相信沿着这个方向走下去一定会有所收获。

① Gail Mckoon and Roger Ratcliff：Memory-based languagu processing：Psycholinguistic Research in the 1990s，Aunu. Rev. Psychol. 1998. 49：25～42

参 考 文 献

[1] A. P. 马蒂尼奇. 语言哲学. 牟博等译. 北京：商务印书馆，1998

[2] 蔡芸. 语境与意义推导. 现代外语研究，1997(1)

[3] 蔡曙山. 言语行为和语用逻辑. 北京：中国社会科学出版社，1998

[4] 岑运强. 语言学概论. 北京：中国人民大学出版社，2004

[5] 陈嘉映. 语言哲学. 北京：北京大学出版社，2003

[6] 陈俊. 认知心理学关于短时记忆信息提取的研究综述与展望. 暨南大学学报（哲学社会科学版），1995(1)

[7] 陈汝东. 认知修辞学. 广州：广东教育出版社，2001

[8] 陈望道. 修辞学发凡. 上海：上海教育出版社，1976

[9] 陈作宏. 对语用能力的认知与综合知解. 云南师范大学学报，2004(1)

[10] 陈自力，金娜娜. 理解交际的新视角——从大脑神经网络分析关联理论的微观实现及其应用. 外语教学，2002(3)

[11] 车文博. 人本主义心理学. 杭州：浙江教育出版社，2003

[12] 车文博. 心理学原理. 哈尔滨：黑龙江人民出版社，1997

[13] 车文博. 西方心理学史. 杭州：浙江教育出版社，1998

[14] 程祺龙. 认知语用学概论——语言的神经认知基础. 北京：外语教学与研究出版社，2001

[15] 程祺龙. 语言认知和隐喻. 外国语，2002(1)

[16] 程祺龙. 逼近语言系统. 南京：东南大学出版社，2002

[17] 崔耀，陈永明. 工作记忆和语言理解. 心理科学，1997(1)

[18] 耶夫·维索尔伦（Jef Verschueren）. 语用学诠释. 钱冠连，霍永寿译. 北京：清华大学出版社，2003

[19] 范晓，胡裕树. 有关语法研究三个平面的几个问题. 中国语文，1992(4)

[20] 范晓. 三个平面的语法观. 北京：北京语言文化大学出版社，1996
[21] 方俊明. 信息加工认知心理学的发展和面临的挑战. 心理科学，1998(6)
[22] 冯志伟. 现代语言学流派. 西安：陕西人民出版社，1999
[23] 葛鲁嘉. 认知心理学研究范式的演变. 国外社会科学，1995(10)
[24] 桂诗春. 新编心理语言学. 上海：上海外语教育出版社，2000
[25] 桂诗春. 实验心理语言学纲要. 长沙：湖南教育出版社，2001
[26] 何自然. 语用学概论. 长沙：湖南教育出版社，1988
[27] 何自然，冉永平主编. 语用与认知——关联理论研究. 北京：外语教学与研究出版社，2001
[28] 何自然，冉永平. 关联理论——认知语用学基础. 现代外语，1998(3)
[29] 何自然，冉永平. 话语联系语的语用制约性. 外语教学与研究，1999(3)
[30] 何兆熊. 新编语用学概要. 上海：上海外语教育出版社，2000
[31] 胡壮麟. 认知隐喻学. 北京：北京大学出版社，2004
[32] 贾彦德. 汉语语义学. 北京：北京大学出版社，1999
[33] 姜望琪. 当代语用学. 北京：北京大学出版社，2003
[34] 江新，荆其诚. 句法和语义在汉语简单句理解中的作用. 心理学报，1999 (4)
[35] 井世洁，缪小春. 不同语言理解能力中学生的抑制加工. 心理科学，2003 (1)
[36] John B. Best. 认知心理学. 黄希庭等译. 北京：中国轻工业出版社，2000
[37] Johannes Engelkamp. 心理语言学. 陈国鹏译. 上海：上海译文出版社，1997
[38] John R. Searle. 心灵、语言和社会. 李步楼译. 上海：上海译文出版社，2001
[39] 鞠红. 低调陈述推理机制的认知性透视. 外语教学，2004(2)
[40] 卡西尔. 人论. 甘阳译. 上海：上海译文出版社，1985
[41] K. Pawlik & M. R. Rosenzweig. 国际心理学手册. 张厚粲主译. 上海：华东师范大学出版社，2002

[42] 劳拉.E. 贝克. 儿童发展. 吴颖等译. 南京：江苏教育出版社，2002

[43] 利奇. 语义学. 李瑞华等译. 上海：上海外语教育出版社，1987

[44] 李光浴. 评述现代认知心理学. 云南师范大学学报（教育科学版），1999 (4)

[45] 李锡胤. 对于预设与推涵的思考. 外语学刊，1990(3)

[46] 李宇明. 儿童语言的发展. 武汉：华中师范大学出版社，1995

[47] 梁宁建. 当代认知心理学. 上海：上海教育出版社，2003

[48] 林波. 从关联理论看目的认知域中的意图映射. 四川外语学院学报，2002(6)

[49] 林书武. 国外隐喻研究综述. 外语教学与研究，1997 (1)

[50] 刘丽虹，王才康，莫雷. 认知心理学归类理论述评. 心理科学，1998(6)

[51] 柳燕梅. 认知结构在言语理解中的表现特征. 绥化师专学报，1997(4)

[52] 鲁岑. 语言言语交往. 北京：社会科学文献出版社，2004

[53] 鲁忠义. 阅读理解的过程和影响理解的因素. 外语教学与研究，1989(4)

[54] 鲁忠义，彭聃龄. 故事图式在故事理解中加工机制的初步实验研究. 心理学报，1990(3)

[55] 鲁忠义，彭聃龄. 故事阅读中句子加工时间与理解研究. 心理学报，1996(4)

[56] 鲁忠义. 语篇阅读理解的推理机制的研究. 心理科学，1999(3)

[57] 鲁忠义，彭聃龄. 语篇理解研究. 北京：北京语言大学出版社，2003

[58] 吕明臣. 言语的建构. 社会科学战线，2000(5)

[59] 莫里斯. 指号、语言和行为. 罗兰，周易译，上海：上海人民出版社，1989

[60] 孟昭兰. 普通心理学. 北京：北京大学出版社，1994

[61] 米哈伊尔·苏波特尼克. 言语行为哲学——语言的精神衬托与日常性. 史忠义译. 天津：天津人民出版社，2003

[62] 马庆株. 忧乐斋文存——马庆株自选集. 天津：南开大学出版社，2004

[63] 苗兴伟. 关联理论与认知语境. 外语学刊，1997(4)

[64] M.W. 艾森克 ，M.T. 基恩. 认知心理学. 高定国，肖晓云译. 上海：

华东师范大学出版社，2004
[65] Milton K. Munitz. 当代分析哲学. 吴牟人等译. 上海：复旦大学出版社，1986
[66] P. B. 邓斯，E. N. 平森. 言语链——说和听的科学. 曹剑芬，任宏谟译. 北京：中国社会科学出版社，1983
[67] 潘菽. 意识——心理学的研究. 北京：商务印书馆，1998
[68] 彭聃龄，刘松林. 汉语句子理解中语义分析与句法分析的关系. 心理学报，1993(2)
[69] 彭聃龄，谭力海. 语言心理学. 北京：北京师范大学出版社，1991
[70] 彭聃龄，舒华，陈烜之. 汉语认知研究. 济南：山东教育出版社，1997
[71] 彭聃龄. 认知心理学. 台北：台湾东华书局，1999
[72] 彭宣维. 语言的过程与维度. 北京：清华大学出版社，2002
[73] 钱冠连. 汉语文化语用学. 北京：清华大学出版社，2002
[74] 曲卫国. 也评"关联理论". 外语教学与研究，1993 (2)
[75] 塞尔. 心、脑与科学. 杨音莱译. 上海：上海译文出版社，1991
[76] 斯琴. 认知与语言理解. 内蒙古大学学报（社会科学版），1995(3)
[77] 索绪尔. 普通语言学教程. 高名凯译. 北京：商务印书馆，1982
[78] 孙维张. 汉语社会语言学. 贵阳：贵州人民出版社，1991
[79] 孙维张，吕明臣. 社会交际语言学. 长春：吉林大学出版社，1996
[80] 孙红梅. 认知语境和语言的理解. 宜宾学院学报，2002(4)
[81] 沈家煊. 讯递和认知的相关性. 外语教学与研究，1988(3)
[82] 石定栩. 乔姆斯基的形式句法——历史进程与最新理论. 北京：北京语言文化大学出版社，2002
[83] 石毓智. 认知语言学的"功"与"过". 外国语，2004(2)
[84] 束定芳. 现代语义学. 上海：上海外语教育出版社，2000
[85] 束定芳. 隐喻学研究. 上海：上海外语教育出版社，2000
[86] 束定芳主编. 中国语用学研究论文精选. 上海：上海外语教育出版社，2001

[87] 束定芳主编. 语言的认知研究——认知语言学论文精选. 上海：上海外语教育出版社，2004
[88] 唐漱石主编. 语法修辞讲话. 长春：吉林大学出版社，1986
[89] 涂纪亮. 英美语言哲学概论. 北京：人民出版社，1988
[90] 王德春等. 社会心理语言学. 上海：上海外语教育出版社，1995
[91] 王海峰. 现代汉语中无标记转指的认知阐释. 语言教学与研究，2004(1)
[92] 王建平. 语言哲学. 北京：中共中央党校出版社，2003
[93] 王甦，汪安圣. 认知心理学. 北京：北京大学出版社，1992
[94] 王晓升. 语言与认识. 北京：中国人民大学出版社，1994
[95] 王扬. 语用预设的特征及其认知阐释. 安徽教育学院学报，2004(2)
[96] 王寅. 认知语言学与两代认知科学. 外语学刊，2002(1)
[97] 王寅. 认知语言学的哲学基础：体验哲学. 外语教学与研究，2002(2)
[98] 王寅. 语义外在论与语义内在论. 外国语，2002(5)
[99] 王义娜. 话语指称的认知构建与心理空间可及性. 外国语，2003(5)
[100] 维果斯基. 思维与语言. 李唯译. 杭州：浙江教育出版社，1997
[101] 维特根斯坦. 哲学研究. 汤潮等译. 北京：三联书店，1992
[102] 文旭. 认知语言学的研究目标、原则和方法. 外语教学与研究，2002(2)
[103] 吴恒菊，郭铭. 认知语境在语篇理解中的作用. 佳木斯大学社会科学学报，2004(1)
[104] 西稹光正. 语境研究论文集. 北京：北京语言学院出版社，1992
[105] 熊哲宏. 认知科学导论. 武汉：华中师范大学出版社，2002
[106] 熊学亮. 认知语用学概论. 上海：上海外语教育出版社，1999
[107] 熊学亮. P＋性质的认知语言学. 四川外语学院学报，2002(1)
[108] 熊学亮. 语言学新解. 上海：复旦大学出版社，2003
[109] 徐采霞. 委婉表达现象的认知语用特征. 南昌大学学报（人社版），2004(1)
[110] 徐烈炯. 语义学. 北京：语文出版社，1990
[111] 徐盛桓. 常规关系与认知化——再论常规关系. 外国语，2002(1)

[112] 徐友渔等. 语言与哲学. 北京：三联书店，1996

[113] 徐章宏. 论关联理论的语言哲学基础. 见：何自然，冉永平主编. 语用与认知——关联理论研究. 北京：外语教学与研究出版社，2001. 292～303

[114] 许勇，刘伟. 认知心理学有关模式识别的研究. 天津外国语学院学报，1997(3)

[115] 杨丽霞，陈永明. 语言理解能力个体差异的理论述评. 心理科学，1998(6)

[116] 杨玉成. 奥斯汀：语言现象学与哲学. 北京：商务印书馆，2002

[117] 叶浩生. 西方心理学的历史与体系. 北京：人民教育出版社，1998

[118] 袁毓林. 认知科学背景上的语言研究. 国外语言学，1996(2)

[119] 袁毓林. 语言的认知研究和计算分析. 北京：北京大学出版社，1998

[120] 乐国安. 当代美国认知心理学. 北京：中国社会科学出版社，2001

[121] 赵艳芳. 认知语言学概论. 上海：上海外语教育出版社，2001

[122] 张春晖. 认知语境与交际失误. 湖南师范大学学报（社哲版），2004(1)

[123] 张辉. 认知语义学述评. 外语与外语教学，1999(12)

[124] 张亚非. 关联述评. 外语教学与研究，1992(3)

[125] 周建安. 论语用推理机制的认知心理理据. 外国语，1997(3)

[126] 周治金，陈永明，杨丽霞. 语言理解中抑制机制的研究概况. 心理科学，2002(4)

[127] 周昌忠. 西方现代语言哲学. 上海：上海人民出版社，1992

[128] 朱曼殊. 心理语言学. 上海：华东师范大学出版社，1990

[129] D. Sperber & D. Wilson. 関連理論——伝達と認知. 東京：内田聖二 訳 研究社出版，1999

[130] Jenny. Thomas. 語用論入門——話し手と聞き手の相互交渉が生み出す意味. 東京：田中典子 訳 研究社出版，1998

[131] Friedrich. Unggerer & Hans. Jorg. Schmid. 認知言語学入門. 東京：池上嘉彦 訳 大修館書店，1998

[132] David. Mc. Neill. 心理言語学. 鹿取廣人 重野純 訳 サイエンス社，1990

［133］ Stephen. Winokur. 言語行動理論入門. 京都：佐久間徹 久野能弘 訳 カンイシヤ出版，1984

［134］ Danny D. Steinberg. 心理言語学への招待. 東京：竹山龍範 山田純訳大修館書店，1995

［135］ 辻幸夫. ことばの認知科学事典. 東京：大修館書店，2001

［136］ 川口潤梅木尭. 現代の認知研究. 東京：培風館，1999

［137］ 今井邦彦. 語用論への招待. 東京：大修館書店，2001

［138］ 山梨正明. 認知言語学原理. 東京：くろしお出版，2000

［139］ 山梨正明. 認知文法論. 東京：ひつじ書房，1995

［140］ 坂原茂. 認知言語学的発展. 東京：ひつじ書房，2000

［141］ 邑木俊亮. 文章理解についての認知心理学的研究. 東京：風間書房，1998

［142］ 小椋たみ子. 初期言語発達と認知発達の関係. 東京：風間書房，1999

［143］ 池田進一. 間接的要求における認知的処理機構. 東京：風間書房，1998

［144］ 田中敏. スピーチの言語心理学モデル. 東京：風間書房，1995

［145］ 芝原宏治. 錯誤の意味論. 東京：海鳴社，1995

［146］ Croft，W. & E. J. Wood. Construal operations in linguistics and artificial intelligence. L. Albertazzi. Meaning and Cognition：A Multidisciplinary Approach. Amsterdam & Philadelphia：John Benjamins，2000. 51～78

［147］ Epstein，R. Roles，frames and definiteness. van Hoek et al. Discourse Studies in Cognitive Linguistics . John Benjamins B. V，1999. 53～74

［148］ Epstein，R. The definite article，accessibility，and the construction of discourse referent. Cognitive Linguistics，2002，12 (4)：333～378

［149］ Eysenck，Michael W. Principles of Cognitive Psychology. UK，East Sussex：Psychology Press Ltd，2001

［150］ Fuconnier，G. Mappings in Thought and Language. Cambridge：

Cambridge University Press, 1997

[151] Gail Mckoon and Roger Ratcliff: memory-based language processing: Psycholinguistic Research in the 1990s, Aunu. Rev. Psychol. 1998. 49: 25～42

[152] Langacker, Ronald W. Grammar and Conceptualization. Berlin and New York: Mouton de Gruyter, 2000

[153] Langacker, Ronald W. Foundations of Cognitive Grammar Descriptive Application (2nd edition). Stanford: Stanford University Press, 2002

[154] Lakoff, G. & M. Johnson. Metaphor We Live By. Chicago: the University of Chicago Press, 1980

[155] Teppo Varttalo. Hedging in Scientifically Oriented Discourse, Exploring Variation According to Discipline and Intended Audi-ence. Doctoral Dissertation. English Philology, University of Tampere, 2001

附 录 一

汉语答句的意义①

本文讨论汉语答句意义方面的若干问题。选中这个题目加以讨论，其目的不在于在汉语的句类系统之中增加“答句”一类，而仅仅是想从意义的方面描述一下作为“问—答”对话中的一个构成部分——答句所具有的一些特征。假如说这种讨论能有一点价值的话，也主要是因为它多多少少能够为那些想出色地使用汉语的人提供一些帮助。

一、答句的界说

在正式开始我们的叙述之前，明确一下“什么是答句”是有益的。搞清这个问题不但能给我们所要处理的语言材料划定一个范围，而且更重要的是：一个比较理想的界说也许会为以后论及的问题提供一个良好的基础。

什么是答句呢？在我们看来，所谓答句就是对问句作出反应的句子。请看下面的句子：

(1)〔你是哪儿人?〕我是长春人。

(2)〔你是长春人吗?〕是。

(3)〔这人是谁?〕我不认识他。

(4)〔小华去哪了?〕不知道。

(5)〔你和她是什么关系?〕这与你无关。

上述(1)—(5)例，句子的意义虽然各不相同，但它们都分别是对前边括号内问句的反应（当然它们的反应是不同的，我们以后会谈到），

① 本文原载《语法求索》，华中师范大学出版社 1989 年。

因此它们都是答句。

很明显，对答句的上述解释是本着行为主义的原则作出的。因为交际也是一种行为，语言的交际也是一种“刺激—反应”的过程。具体到“问—答”对话中，发问是一种刺激，回答就是对这种刺激作出的反应，自然，答句就是用来对问句作出反应的句子。

从话语语言学的角度看，答句实际是一种后续语句。不过，答句除去和其他的后续语句的共同点之外，还有自己的特点：

a. 答句是以一定的问句为初始语句的后续语句，而且它只能是一种后续语句。也就是说，答句是以问句的存在为前提而存在的，没有问句就无所谓答句。

b. 答句是由问句引发出来的——人们所以要回答问题是因为有人问，尽管在若干场合是自问自答。从这个意义上说，答句产生的动因在相当程度上是来自问句。

c. 由于答句是回答问句的，因此它的意义直接与问句有关，对答名的理解要更多地依赖问句。

上述三点，a 比较明了，几乎仅凭人们的经验就能证实；c 涉及言语产生的心理过程，有待于心理语言学的研究；b 是关于答句意义的，是本文力图阐述的中心问题。

二、答句意义的范围

1. 人们常说：问什么答什么。似乎只有回答了“问什么”的句子才称得上答句，才有意义。然而实际的话语并非如此简单。有许多句子不符合这种说法。比如前边举过的例(3)、(4)、(5)，它们的意义明显不是哪个问句的“什么”。能不能根据“问什么答什么”的原则将这样的句子一律视为“答非所问”而排斥在答句之外呢？显然不行，那样就和人们使用语言的习惯相去太远了。与其把例(3)、(4)、(5)一类的句子排除掉，不如对它们的意义作出较为合理的解释。为了这个目的，我们就必须把注意力从“问什么”那儿移开而去观察整个问句。

2. 问句（反问句除外）并不是像语法教科书所说的那样只有个疑

问句的疑点就行了。其实，一个疑问句的构成，需要各种因素：

a. 疑点。疑问句的疑点是构成问句的主要方面，它是疑问句的中心。不同的疑问句正是靠不同的疑点加以区别的：特指问句的疑点是“什么”、“哪”、“谁”、“怎么样”等等；是非问句的疑点为“是或不是”；选择问句的疑点是“选择哪个”。不论疑点怎样，疑问句必须有疑点，这是疑问句的本质，没有疑点就没有疑问句。

b. 疑点前提。疑点对疑问句的构成固然是主要的，但仅有疑点是不够的。疑点是发问的中心，是要人来回答的。人们要回答疑点，首要的条件是他能理解疑点。经验的事实告诉我们，人们理解疑点不单单靠着几个疑问词，还要依据某些预设前提。例如：

(6) 你明天什么时候出车？

此句疑点的理解前提是：被问的人知道“你明天某个时候出车”。

(7) 他是日本人吗？

对这句话的理解需要两个前提：

① 他是某种人；

② 某种人是日本人。

(8) 老张是工人还是干部？

这个选择问句的预设前提是：

① 老张是从事某种职业的人；

② 工人、干部都是一种职业。

预设前提是交际双方共知的命题，在“问——答”对话中，如果回答者没有这种预设（事实上不可能），也就无法构建他的疑点。可见，这种预设前提实际上是疑点得以存在的前提。

c. 发问前提。发问前提指的是发问人所具有的对回答人的某些认识，这些认识导致了发问人选择某个对象为回答人而不选择另一个。毫无疑问，这些认识带有发问人主观的假定性。具体看，这种假定涉及回答人的许多方面：感情的、社会的、心理的等等。但归结起来，发问人主要是在如下两点上作出假定①：

① 参见：廖秋忠．〈语用学的原则〉介绍．国外语言学，1986 (4)

① 回答人愿意遵守合作原则；

② 回答人有能力回答问题。

一个有了发问动机的人一旦完成了上边的假设，就意味着他已经选定了发问的对象——回答人，一组“问——答”对话也将产生。从这个意义上看，发问前提乃是疑问产生的不可缺少的因素。没有这种前提，疑问这种言语行为便不会发生。

上述三个方面对一个疑问句的构成都是至关重要的，缺一不可。只不过在日常言语交际中，人们容易察觉到问句疑点的存在，而对疑点前提和发问前提往往就不注意了。

3．通过对疑问句的种种分析，现在有可能回答前面提出过的问题，即什么样的答句才算有意义的问题。不难发现，“问什么答什么”的原则（如果能这样说的话）所控制的只是意义指向疑点的那类答句。由于疑点不同，这类答句的意义也不同。例如：

(9)〔你明天什么时候出车?〕下午。

(10)〔他是日本人吗?〕不是。

(11)〔老张是工人还是干部?〕是干部。

例(9)是特指问句，对特指问疑点的回答决定了答句的意义是“具体的人、事、时间、地点”等等。例(10)是是非问句，对它的疑点的回答决定了答句的意义为“是或不是”。例(11)是选择问句，这种问句的疑点要求答句的意义一定是它所提供的选择项（有的选择可能没被说出，但也存在）中的一项（或几项）。

除了指向疑点的答句之外，还有许多答句其意义是指向疑点前提的。例如：

(12)〔你的朋友在哪儿?〕我没有朋友。

问句疑点的前提是：你有个朋友；这个朋友在某处。答句的意义并没指向这个特指问句的疑点，而是指向它的前提，即否定前提的存在。

(13)〔她的孩子很大了吧?〕她哪有孩子。

问句的疑点前提为：她有孩子；某个孩子很大了。答句的意义指向前提，否定它的存在。

(14)〔您最近在写小说还是在写剧本?〕我最近没写东西。

问句的疑点前提是：您最近在写东西（即指文学作品）；小说和剧本都是一种文学作品。答句的意义是否定前提。

另外，也有一些答句的意义是指向发问前提的。发问前提是发问人主观上对回答人的假定，因此，指向发问前提的答句意义表现为“不承认”这种假定。例如：

(15)〔昨天你和谁在一起?〕你没必要知道。

(16)〔妈妈为什么生气?〕我也不清楚。

例(15)是“不承认”合作原则的假设，采取不合作态度；例(16)是“不承认”有能力回答的假设，表明没有这种能力。

应该说明的是：以上我们从答句意义的指向这个角度对所引述材料的分析是建立在“标准”这个原则上的。实际上，有些语言材料远不是这种意义上的。例如儿童有一个特点，对问题总爱刨根问底，他们会不断地问“那是什么?”、“为什么?”，遇到没有耐心的家长，总不免要说上一句：“不知道!”表面看，答句的意义指向发问前提的第二种假设，但实际是指向第一种——采取不合作态度。在成年人的交际中为了某种目的更有些绕圈子的回答，切不可简单理解。小时候常听大人们讲社会治安，在手表还是很贵重的年代里，戴表走在街上，切不可随便告诉不认识的人“现在几点几分”，恐遭抢劫。为了安全起见，遇到问时间的人最好回答说“对不起，我也没表”。不了解背景的人会以为是没有能力回答，其不知内心当中是不想合作。看来，要真正了解一个答句的意义指向，还有赖于具体的交际环境。对这个问题的探讨不准备在本文里进行，我们的目的是考察答句意义的一般问题，所以我们的分析不过多地顾及上述的复杂情况，仅涉及“标准”的材料。

4. 答句意义的不同指，导致了答句意义的不同。这种“不同”不是指具体意义的差别，而是指不同答句在意义范围上的差别。

a. 指向疑点的答句意义的范围。

① 在问句提供的具体的人或事物的范围之内；

② 在问句提供的某种肯定与否定的范围之内；

③ 在问句提供的某些选择项范围之内。

b. 指向疑点前提的答句意义的范围在疑点前提的否定范围之内。

c. 指向发问前提的答句意义的范围在发问前提的否定范围之内。

答句的意义为什么会有这种范围上的差别呢？这主要是由答句意义的指向造成的。换句话说，造成答句意义的范围差别主要是问句借以构成的诸种要素。构成答句的各种要素不仅决定了答句意义的范围，而且我们还发现，答句意义的“肯定与否定”也是由它们决定的，上述三种范围的意义，b 和 c 都是否定型的，因为这类答句的意义之所以存在就在于它们对各自的前提的否定。假如 b 和 c 的意义是肯定的，那么它们就不再指向各自前提而直接指向疑点了，因为指向疑点的答句意义是以“承认”疑点前提和发问前提为条件才出现的。再看 a 类，由于疑点的性质不同，决定了此类答句意义的肯定和否定情况也不同：特指问句的疑点决定了其答句意义一般都是肯定型的；是非问句的疑点决定了其答句意义肯定型和否定型并有；选择问句的情况比较特殊，如果其选择项是肯定的，则答句的意义绝大部分是肯定的；如果其选择项是肯定与否定的并列，则答句的意义就同是非问句的一样。

总而言之，答句的意义在本质上是被问句决定的，具体表现在答句意义的不同范围上。和其他种类的话语相比，答句意义的选择要不自由得多，人们说出一个答句，其意义在某种程度上是早已被问句规定好了的，尽管他可能没意识到这一点。

三、答句意义的类型

在前边的讨论中我们力图指出答句意义是如何被问句规定的。但是，这并不意味着回答问话的人没有任何选择答句意义的余地。实际上，每一个回答人都可以在三种不同意义范围内选择他的答句意义。造成回答人作出选择的因素很多，这里我们要讨论的是选择不同意义的答句所要达到的目的是什么。我们试图指出的是：假定回答人已经能选定一种答句意义，那么说出这种答句意义的客观效果怎么样。如果说前边的讨论是从性质的角度对答句的意义作出的说明，那么现在所要做的就是从作用或功能的角度描述答句的意义。

我们知道，问句的根本作用在于提问，其目的是要索取信息。这样，一个答句能否满足问句的目的就导致了答句在功能上的差异。而这种差异首先是由答句意义体现出来的。于是，我们可以根据“能否满足问句的目的”这一原则来具体描述各种功能的答句意义。

1. 完成型意义的答句。如果一个答句的意义满足了问句的目的，即回答的正是所问的，那么这种答句就是完成意义的。比如前述例(9)、(10)、(11)。这些答句刚好满足问句的目的，不多不少，是一种标准的完成型。此外，在标准的完成型两边还有两种：超标准完成型和弱标准完成型。

超标准完成型是指一个答句的意义不仅满足了问句的目的，而且还多出了什么。例如：

(17)〔买到米了吗?〕站了老半天，还是买不着。

答句不仅回答了“买没买到”，而且回答了“为买米所花费的精力”。

(18)〔他们去了?〕走了一个多钟头了。

答句不仅回答了“去没去”，同时回答了“去了的时间”。

(19)〔您忙什么呢?〕一篇稿子。编辑部催着要。

答句不仅回答了“忙什么”，也说明了“忙的原因”。

(20)〔你选老张还是老赵?〕老张，他为人厚道。

答句回答了“谁”，而且表明了理由。

弱标准完成型是指一个答句的意义部分地满足了问句的目的。例如：

(21)〔八连连长什么时候来见我?〕快来了。

答句只说“快了”，但没说具体的时间，但按问句的要求是应该说明的。

(22)〔离我们去的地方，还有多远?〕不远了。

答句不回答“具体的距离”，只说“不远”。

(23)〔您好一点了么?〕谢谢你，我刚刚下楼。

答句的回答很不确定。“刚下楼”也许是“好点了”。

弱标准意义的答句似乎是“答非所问”，但实际上它都与问句所要索取的信息有关，只不过不是一个明确的意义，显得有些模糊而已。选择此种意义的答句并不都是被动的，其实在许多场合，人们是有意这样做的——明明能够明确回答而故意回答得模糊。当然这样做有别的理由，比如像例(21)就可能是为了平定发问人的情绪，兼而为当事人开脱；例(22)可能在于鼓舞发问人，让人看到希望等。

2. 非完成型意义的答句。如果一个答句意义根本不能满足问句的目的，就是非完成意义的答句。非完成型意义有以下三种情况：

a. 取消意义。取消意义是指回答人不能理解问句的疑点，故而无从回答。例如前述例(12)、(13)、(14)。这些答句都表明构成问句疑点的前提是不存在的，从这种意义上说就是取消了问句的意义。当然，对问句的疑点不理解还可能导致回答人发问。例如：

(24)〔他的孩子很大了吧?〕他有孩子?

这样一来，回答人就变成了问话人，这种问句并不隐含着对原问句的回答[①]. 对此种话语情况的分析不属于本文讨论的范围。

b. 无力意义。一个答句的意义表明回答人没有能力满足问句的目的，就是无力意义的答句。比如前述的例(16)。这种意义的答句意味着否定问话人发问前提——回答人有能力回答问题。回答人虽然能理解问句的疑点并且也愿意回答，但客观上他找不出一定的信息来满足问句，他对问句索取的信息一无所知。

c. 回避意义。一个答句的意义表明回答人不愿意满足问句的目的(虽然他有条件满足）就是回避意义的答句。例如前述的例(15)。回避意义也是对发问前提的否定，但它否定的是合作原则的前提。和其他几种功能意义不同的是，这种意义的答句经常用一些习惯形式去表现，比如“与你无关”、“无可奉告”等等。沉默也是一种回避，但没有话语形式，故我们不去讨论。另外，有意的“答非所问”也是回避，不过按照我们的想法这种话语不在答句之列。

以上我们从功能的角度讨论了几种意义的答句，为了更清楚地看出它们之间的区别，下面我们作一个直观的对比。选定一个问句，分别给予不同功能意义的答句：

---

① 有些问句是隐含着回答在里边的，主要的是以反问作答。这些问题我们拟作另文讨论。

问句：她的父亲是什么级别？

答句：处级。（标准完成型）

答句：她没有父亲。（取消非完成型）

答句：我也不知道。（无力非完成型）

答句：我不想让人知道。（回避非完成型）

答句的意义何以会有功能上的差异呢？这是由答句意义的不同范围决定的。从前边的讨论可以发现，答句意义的范围和不同功能意义的答句是对应的：

① 受疑点规定的答句意义是完成型功能意义；

② 受疑点前提规定的答句意义是取消非完成型；

③ 受发问前提中合作原则假设规定的是回避非完成型；

④ 受发问前提中另一个假设规定的是无力非完成型。

正是在这种对应的基础上，我们才得以对答句的意义作出分类，无论从意义范围还是从意义的功能得到的结果是一致的。不过我们倾向于用功能的分类方法，因为这样做更有益于话语的实际使用者。

四、答句意义的实现方式

在上述各节我们讨论的答句都是一些比较简单的答句。这种简单性表现在：答句的意义是直接指向问句的。但实际的话语中，还有许多更为复杂的答句，例如：

(25)〔您认得字吗？〕还是老邓教我的呢。

(26)〔河西放电影，你去瞧吗？〕我晚上看火，离不开。

和简单的答句不同，例(25)和例(26)的答句意义并不是直接指向问句的。能不能根据这一点将它们看做“答非所问”的句子呢？显然不能。经验的事实告诉我们，发问者在听到这样的句子时都能理解，即认为回答人作了回答。那么它们和简单答句的区别在哪里呢？

要回答这个问题，最好还是从实际出发，看一看发问人是怎样理解一个答句的。一个发问人在听到回答人的“回答”后，首先要做的就是将答句的意义和他的疑点作对比，判断一下答句意义是不是疑点所表明的要索取的信息。如果是，就是作了回答。其次，如果答句意义不是疑点表明的要索取的信息，那他就要判定答句意义是否与我的问句的其他方面有关系。有关系的，他也认为是一种回答；没有关系的，就是名副其实的“答非所问”。不难看出，前者发问人接受的是完成型答句，后者接受的是非完成型答句。

为简便起见，现在我们将答句意义指向的问句三个方面用W来表示。这样，如果答句的意义恰好是这个W，或者是接近W，那么这个答句的意义无疑是指向问句的。不用说，简单答句就是这种情形。而例(25)例(26)就不同，它们表明的不是W，而是X。发问人要接受这种答句唯一的办法就是找出X和W之间的联系，使得他能从X推导出W。于是，逻辑知识就介入了。从逻辑角度看，如果“X蕴涵W”成立，那么说出X就能导出W。当然，这样做的条件是“X蕴涵W”必须为问答双方所共知。

事实上，例(25)和例(26)正是这样被理解的。就例(26)来说，双方共知“如果能离开就去”，回答否定前件即“不能离开”就否定了后件(即“来去”)。而“不去”就是指向问句疑点的。当然，实际的话语当中还有一些更为复杂的例子，但无论多复杂都是能运用逻辑加以分析的，限于篇幅，这里就不再举例了。

由此可见，例(25)和例(26)这类复杂的答句和简单答句的区别不在于本质的不同，而在于它们各自的意义指向问句的方式不同：简单答句是直接的，复杂答句是间接的。换句话说，答句意义的实现方式是有区别的：一种是直接实现的，一种是间接实现的。下面让我们来对比一下这两种方式：

问句：咱们能谈谈吗？

答句：不能。(直接)

答句：我现在有事。(间接)

在意义上，两种答句都是指向问句疑点的；在功能上，它们都是完成型的。所不同的只是直接方式显得直截了当，间接方式有些委婉曲折罢了。

附　录　二

汉语的情感指向和感叹句[1]

人们常说，语言是用来表情达义的。“情”就是情感[2]，“义”就是思想、要求和意向等。毫无疑问，表达情感是语言的一个重要功能，一种语言的研究也理应揭示出这种语言是如何表达情感的。遗憾的是，我们的语言研究在这方面做得不是很多，缺乏比较系统、全面的理论描述。就现代汉语来说，人们的研究一般分散在以下几个方面：

（1）在词汇意义研究中讨论了感情色彩意义，如褒义、贬义等；

（2）在句子类型研究中讨论了表达感情的感叹句；

（3）在语音、语调的研究中讨论了某种语调和某种情感的表现关系；

（4）在修辞及言语交际问题的研究中随机解释了一些情感表达现象。

尽管这些研究在一定程度上描述了现代汉语情感表达的某些方面，但显然存在着缺陷。这些缺陷不仅表现在对语言事实缺乏深入、细致的描述，更主要的是表现在据以描述的理论上[3]：

第一，以往的观察往往停留在静态的范围，很少在动态的言语交际中去考察情感表达问题，这样至多是说明了一个交际中构造一个表达特定情感的语句。离开了动态的角度，对语言事实的解释是不完备的。

第二，由于观察的静态方式，导致了理论解释的零散性——常常是就事论事，在情感表达的一些重要方面（如情感的类型、情感的指向和

---

① 本文原载《汉语学习》1998 年第 6 期。

② 按一般心理学的看法，“情感”和“情绪”统称为“感情”，我们说的情感就是指“感情”。

③ 情境和表达的关系很复杂，本文暂不讨论。

情感的表达方式等）缺乏系统的理论阐释。

造成这样的研究现状，显然与现代汉语研究的整体趋向有关：人们太热衷于语言“结构问题”了，而对语言的“功能问题”则不甚了了。我们认为，语言的结构和语言的功能同等重要，“结构”是“功能”的实现形式，“功能”赋予“结构”一定的价值，不实现某种“功能”的“结构”是毫无意义的结构，当然也无存在的理由。因此，真正的、有价值的语言研究不仅仅在于对语言结构的描述，而且应该、也必须对语言的一种重要功能即情感功能作出提示，对情感功能的揭示理应成为语言研究的重要课题。

情感指向，我们在这里是指情感的作用对象。在言语交际中，语句所负载的情感信息总是指向特定对象的，请看下面的子：

（1）记得第一次到上海，她吓得不敢出门：“妈呀，楼这么高，人这么多!”

（2）田林觉着身上些微凉意，正想转身回卧室，忽听得隔壁房间一声低喝：“别碰我!”野野的声音，音量并不高而且隔着紧闭的房门，但夜太静，因此字字入耳。“不碰就不碰”，四清拖长了调：“还在为昨天接机迟到的事儿生我的气呀，我说了多少遍，我们公司里有事。”“有事有事，你永远有事，我问你，若是反过来，你爹妈头一回来英国，你会这样不在机场晾他们一个多小时吗?”昨天接机他俩迟到，田林和树英等了一个多小时，急坏了。

（3）“这女人何许人物?”田林好奇地问。“这个老太婆是个角色，我倒要给你介绍，将来你少不了同她打文遭的。”（张士敏《黄昏的美国梦》）

例(1)的语句是说话人自我情感的表达，仅仅是把自己处在某种情景中的内心感受宣泄出来，不涉及其他的人和事；例(2)的对话明显地流露出谈话的一方对另一方的气恼和怨恨，其情感是指向交际对象的；例(3)中两人的谈话涉及第三者，话语中出现了“女人”、“老太婆”和“角色”这样一些词，表现了谈话者对所谈到的人的不怎么尊重，甚至有些调侃和轻蔑。像这样的情感表现无疑是针对话语内容的——无论是人还是事物。

言语的情感指向与言语交际的一般结构有关。言语交际的结构可以表述为：在特定的情境中，说话人将某种内容通过语言形式告诉给听话人，如下图所示：

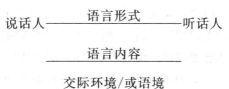

说话人———语言形式———听话人

语言内容

交际环境/或语境

言语交际中的情感表现是出现在言语交际之中的，它与言语交际的各种要素都有关系：

a. 任何情感都是特定交际情境的产物，也只有在特定交际环境中才能表达；

b. 说话人是情感表达的主体；

c. 各种情感的表达都通过语言形式得以实现（当然，一些非言语形式也表现情感，但不在本文讨论之列）。

如果我们将交际情境视为某种恒定的因素，那么一个说话人透过语言形式所表现的情感就可以指向说话人自身、听话人和话语内容——具体的人和事。我们可以分别将其称之为自我指向、对方指向和内容指向。下面具体讨论一下这三种情感指向。

1. 自我指向。自我指向不是指说话人把情感指向自己，而是指说话人单纯地宣泄自己的情感，不涉及其他具体的人和事。从这个意义上讲，自我指向就是空泛的情感指向，说话人不以表现对听话人和话语内容的情感为目标，仅仅满足于把自身的情感状态表露出来。例如：

（4）“啊!”在田林身边沉睡的妻子马树英蓦然呻吟，声音透着惊慌。(张士敏《黄昏的美国梦》)

（5）于是，他抄起一根筷子，往月亮中投去。一个仙女竟然从月光中盈盈而出，逐渐烂大，并降到了地上，摆袖翩翩起舞。“仙仙乎，而还乎，而我于广寒乎!”仙女唱道。“妈呀，这是嫦娥耶!”年轻人的同伴们小声地惊呼道。(李冯《墙》)

（6）就在这时楼板上忽然传出“嗡”的一响，接着就是电钻挺进的声音，无比凄厉，地动山摇，整个楼房都在尖叫中震动，马丹的身体忽

然之间扭歪了，她说："天，全中国都在装修房子。"（蒋韵《现场逃逸》）

例(4)中的"啊！"是说话人由于惊慌而发出的。尽管是在睡梦中，但仍可视为正常人的语言反应。例(5)中年轻人的语句表现了因意想不到的事情出现而产生的惊奇。例(6)则传达了说话人的慨叹之情。

自我指向的情感表现都是说话人情感的自我流露，一般不针对具体的人和事。换句话说，自我指向就是情感的自我宣泄，语言中的"叹词"经常用来表达自我指向的情感。此外，多数的抒情诗在这个意义上也是自我指向的情感表达。如：

(7) 我是一条天狗呀！
我把月来吞了，
我把日来吞了，
我把一切的星球来吞了，
我把全宇宙来吞了。
我便是我了！（郭沫若《女神·天狗》）

诗人用词句抒发的就是自己的主观感情——在现实世界压抑下的愤怒，打碎旧世界创造新世界的革命激情。这种感情既不直接指向对方（即读者），也不指向话语的其他内容。

2. 对方指向。在言语交际中，说话人的情感表达是针对听话人一方的，表现了对听话人的冷漠、喜欢、厌恶和愤怒等情感，这就是情感的对方指向。例如：

(8) 月光 "我为了你，已经迈出了那一步，连儿子都不理睬我了。你，喜新厌旧！你，卑鄙！"
杉风 "好，你也破口骂人了，那我就告诉你，我是爱过你，现在不爱了，可以吗？你这样盯着，让人讨厌，懂吗？"

例(8)中两人的对话明确地表达了各自对对方的情感：月光对杉风的愤恨，杉风对月光的厌烦。有的时候，指向对方的情感并不这样直接，而是通过语调、语速等间接地表现出来。

(9) 忽然，一辆三轮车她身后煞住，只听有人在叫："乡亲啊！"彩妹闪身、扭头，一望，光凭那两只眼，一嘴牙，便认出是蚓蚓。

“你……你号死我呀!”

(10) 彩妹说:“你找什么?我就是走走……我一会儿就回去……没你什么事儿……”

蚓蚓说:“……我,我……我就那么讨人嫌么……”

(11)“你找我干什么?”这一回口气不大一样了。

“……我,我……我晓得……你,你还没吃晚饭呢!……”

“……没吃,又怎么样?”

“我,我……请你吃……我也没吃……我们一起去……那边……东城楼……吃夜宵……”(刘心武《护城河边的灰姑娘》)

例(9)—(11)是从小说中截取的几段对话。通过这些对话,读者不难感觉到女孩儿彩妹对男孩儿蚓蚓的冷漠,蚓蚓对彩妹的爱怜、因对方不理解他的爱而产生的委屈、怕遭到拒绝的犹豫和畏惧。作家在塑造人物、展示人物的情感世界时,并没有直接描述,而是凭借富有情感的人物对话来完成。现实生活中也就是如此,人们都能从别人与自己的谈话的语速和变化的语调中体会出对方对自己报有什么样的情感。

3. 内容指向。言语交际中的情感有时并不指向自我,也不指向对方,而是指向谈话的内容——具体的人和事,这就是内容指向。言语交际的经验表明,交际者总是对他所谈论的人或事报有某种情感态度。例如:

(12) 晚饭桌上,段部长把事情当做笑话跟丈夫和儿子讲了,正在念高中的儿子说:“我对黄秘书这种人没好感。”丈夫却说:“你懂什么!这是对领导的尊重嘛。”

(13) 不久,传出了黄局长与女秘书有暧昧关系的绯闻。有人向段部长反映,段部长却不置一词,一声不吭。没多久,事情证实了——段部长这才恨恨地挤出一句:“不争气!”(何济麟《伞》)

例(12)中儿子的话表明了他对黄秘书的轻蔑,丈夫的话则反映了对黄秘书的某种赞扬。例(12)中段部长的话直接发泄了她对黄局长(即原来的黄秘书)的恼怒。

有时,我们单从语句的表面看不出对所谈论事物的真情实感,但从话语的语调、语速等其他方面却能体会出说话人对其所谈论的人和事的真实情感。例如：

（14）茹云搬动外婆专坐的藤椅：“妈，这张椅子太旧了，客人来了，难看，扔了吧。我给你买张新的或者就坐沙发，怎么样？”

外婆：“那不行，这张椅子跟了我五十多年了，还是你爸爸的呢。”（黄允《结婚一年间》）

从外婆的话语中，我们感受到了老人对一张旧椅子的珍惜和依恋之情。

指向内容的情感在言语交际中是普遍存在的。文学作品中，作家常常将情感倾注在他笔下的人物和景物上，因此，读者通过作品中的语言描述，就可以了解作家的主观情感态度。让我们重温一下朱自清的作品：

（15）曲曲折折的荷塘上面，弥望的是田田的叶子，叶子出水很高，像亭亭的舞女的裙。层层的叶子中间，零星地点缀着些白花，有袅娜地开着的，有羞涩地打着朵儿的；正如一粒粒的明珠，又如碧天里的星星。微风过处，送来缕缕清香，仿佛远处高楼上渺茫的歌声似的。（朱自清《荷塘月色》）

这段文字中作者反复使用了“曲曲折折”这样的叠音词和“又如……”这样的结构，在对景物的描写中流露出其对大自然的热爱以及其恬静、惬意的心境。

以上我们分别讨论了现代汉语中情感表达的三种指向。其实，在具体的言语交际中并不是每一次只表现一种指向，很多话语在情感指向上是复杂的，一句话可同时指向听话人、话语内容和说话人自己。例如：

（16）杨刚一听，急了，赶忙张开不太够长的双臂紧张地护住一面墙说：“宝贝，求求你了宝贝，给我点面子了，咱当一回球迷容易吗？怎么也得正儿八经地做一点样子给别人看看那。”

柳莺说：“哎哟喂！该是你当球迷都是给别人看的？不行！你趁早都给我摘下去，别弄得我天天睡觉做噩梦。”（徐坤《狗日的足球》）

在这组对话中，“柳莺”的话明确地表达了她的情感：对对方的不满，对足球的不喜欢。现实言语交际中，类似的例子是很多的，大概也算是语言经济性的一种体现吧。

通过对语言情感表达指向性的分析不难看出，交际中任何语言表达都具有情感因素（如果将没有明显情感意义的语句视为“零度情感”的话），差别仅在于指向性的不同。从语言情感表达的指向性出发分析语言中的情感问题，将有助于我们从理论上澄清一些在语言情感表达问题上的模糊认识，比如感叹句问题。感叹句看起来简单，大家都承认；但时至今日，语法学界对它的解释仍然是很不完备的。

语法教科书对“感叹句”的解释是：带有感叹语气的句调的是感叹句[①]。什么是“感叹语气的句调”？其实是极为模糊的，语气也好，句调也好，它们都是和表述功能联系在一起的。事实上，我们找不到离开了表述功能还能清楚地分出“感叹句”、“祈使句”的“语气”或是“句调”形式。因此，抛开情感表达功能来界定所谓“感叹句”是有困难的。根据情感功能界定感叹句就是把情感的表现作为感叹句的必要条件，并不是一般人理解的那样——表达情感的就是感叹句。前面说过，交际中的任何语言表达都具有情感因素，照这样推论，所有句子都可能是感叹句。比较起来，邢福义先生的说法更明确一些，他认为：“感叹句是抒发某种强烈感情的句子[②]。”应该注意邢福义先生在“情感”前面加的两个限制词“某种”、“强烈”，这可以理解为：并不是所有表达情感的都是感叹句，只有其中的一部分才是感叹句。到底哪一部分表达情感的语句是感叹句？邢福义先生的界定中并没有给出明确的答案。

笔者在1986年曾这样谈论过感叹句：“只把纯粹用来抒发感情的句子叫感叹句。”[③] 当时用“纯粹”一词是想指出，感叹句是那些仅仅表达情感而不表达其他任何意义的句子。现在看来，“纯粹”的说法也有失精当。在交际中，“纯粹”的感叹句——我们的意思是能把不是感叹句的都剔除，应该考虑两个因素：

a. 语言的表达功能；

---

① 黄伯荣，廖序东主编．现代汉语下册（增订本）．北京：高等教育出版社，1993

② 邢福义．汉语语法学．长春：东北师范大学出版社，1997

③ 唐漱石主编．语法修辞讲座．长春：吉林大学出版社，1986

b. 情感指向性。

语言的表达功能是多种多样的，有祈使、判断等。只有那些明显表达情感而不表达其他功能的句子才是感叹句。像“哎哟!”、“我的天!”之类，这类句子除了表达情感之外，不表达其他功能。有的时候，我们会发现语言的冗余现象，这种冗余的语句就可能是感叹句。例如：

(17)（外面下着大雪，几个人出去）一个人喊道：好大的雪!

根据交际情境，“好大的雪!”不是向别人描述下雪的事实，因为情境中的所有人都清楚这个事实。单从传信方面看，它是一种冗余，但这种冗余是有作用的，它表现了说话人面对大雪所激发出的情感。

从语言的情感指向性来说，上述那些仅表达情感的语句往往是自我指向的。换句话说，在语言的情感表达中，只有那些完成自我指向的情感表达的才是感叹句。道理很简单：指向对方和话语内容的情感表达都和对人或事的判断、描述等联系在一起，所使用的语句一方面表达情感，一方面表达别的。而自我指向的情感表达以表达情感为唯一目的，不涉及其他的功能。

现代汉语的情感表达是极为丰富的，感叹句只是一种表现方式。固然，感叹句都表达情感，但表达情感的未必都是感叹句。一般所说的陈述句、疑问句、祈使句也含有情感因素，更进一步说，特定的词语、语调都可以是表达情感的形式；交际中的语句都表现情感，区别可能表现在形式、程度和指向性上，而指向性恰恰是情感研究中容易忽视的问题。我们相信，情感指向性的建立将有利于现代汉语情感表达课题研究的深化，尤其像“感叹句”这种似是而非的问题。

附　录　三

走出“句类”的误区①

不知从什么时候起，汉语语法研究中采用了“句类”这个概念用来指称“陈述”、“疑问”、“祈使”和“感叹”四种类型以区别从结构方面划分的“句型”。如果仅仅是个名称问题，倒也无所谓——因为作为名称，只要能区别，读着顺口就行。然而，“句类”可不是个名称问题，它常常使人想到汉语语法研究中的两个普遍认同的结论：

a. 句类是句子的语气分类；

b. 句类有四种——陈述、疑问、祈使和感叹。

最近读邢福义的《汉语语法学》②，发现该书没有使用“句类’一词，但所论述的有关问题仍在上边的两点结论之中。看来目前汉语语法界对此问题的讨论也就到此为止了，似乎已穷尽了此类问题的所有解释。不过我们并不如此乐观。在我们看来，“句类”和它所概括的理论解释存在着一些不容忽视的缺陷，这些缺陷导致了对有关语言现象解释的模糊和矛盾，也使研究者在有关“陈述”、“疑问”之类的语言现象研究方面裹足不前（这里是指对这类语言现象的更全面地揭示、更合理地解释，而不是指对已确立的四种“句类”的研究。对后者，语法界已作出了比较深入的分析）。有鉴于此，并为推进汉语语法界关于“句类”现象的研究，我们将着重分析一下由“句类”所概括的理论存在着的一些缺陷以求找出解释汉语“句类”现象的正确途径。

一、“句类”不是句子语气的分类

把“句类”认定为句子语气的分类似乎已成了语法界的共识。不过

① 本文原载《吉林师范学院学报》1999年第2期。

② 邢福义．汉语语法学．长春：东北师范大学出版社，1997

仔细检讨一下就会发现：这种认定无论在理论上还是在实践上都充满了矛盾。

首先，凭借语气我们真的能分辨出来“陈述、疑问、祈使、感叹”这四种句子吗？未必。所谓语气，主要考虑的是句调形式。句调中最容易分辨的是上升和下降两种，就算在下降形式里又分出“平降”和“陡降”，加在一起，也不过得到三种类型。那么，根据这三种形式如何分出四种“句类”呢？显然，至少有两种“句类”采用了同一种句调形式。当然这是可能的，就像同音词一样。不过我们不应忘记，同音词是在确立了两个或几个不同意义的词之后才去谈同音的，换句话说，读音并不是确立词的充分条件。“句类”的情况大不一样。按照语气标准，各种“句类”是靠句调形式分出来的，句调形式成了确立“句类”的充分条件。固然，依据这样的标准勉强可以分出“陈述”和“疑问”，但很难分出“祈使”和“感叹”，因为后两者的句调形式相当一致。比较下面两例：

(1)（观看足球比赛，情不自禁地）好球！

(2)（催促对方快一点）快走！

无论是说话人还是听话人都说不出例(1)和例(2)在句调形式上有什么不同，按理二者应该是同一“句类”。可实际上语法学家或稍有语法知识的人都会告诉你，例(1)是“感叹句”，例(2)是“祈使句”。他们根据什么作出这样的判断呢？显然不是句调形式，而是句子的某种“功能”或“用途”。

其次，我们来看看语法学家的做法。在分析“句类”问题的时候，许多论述都明显或隐含地具有循环论证倾向。让我们重温一下黄伯荣、廖序东的论述①：

> 根据句子表达的语气分出来的类型叫做句类。拿语气为标准，句子可以分四种。带有陈述语气的句调的，是陈述句……带有疑问语气句调的是疑问句……带有祈使语气的句调的是祈使句……带有感叹语气的句调的是感叹句……

不难发现，上述论证要想成立就要独立地证明所谓“陈述语气的句

---

① 黄伯荣，廖序东主编．现代汉语下册（增订本）．北京：高等教育出版社，1993．6

调”、“感叹语气的句调”等“句类语气的句调”的存在，而上引的论述中并没有提供这种证明。事实上，如前所述，这种证明是很难的，因此不得不承认“陈述语气”之类的说法仍然是考虑到了句子的某种“功能”或“用途”。这样一来，逻辑上的循环就出现了：先主要根据句子的某种“功能”或“用途”分化出各种“句类”，然后再贴上“语气”的标签作为已分化出的“句类”的划分标准。

当然，我们不是说语气不存在（它是句子的一个主要存在形式），也不是否认语气有分类的可能（如果需要，我们可以凭借语感，甚至凭借仪器将语气分成诸如上升、下降、先升后降、先降后升再降等等），我们只是说语气不足以成为“陈述”、“疑问”、“祈使”和“感叹”的划分依据。依“语气”划分“句类”的，实际上也主要是根据“功能”或“用途”，尽管很少有人承认这一点。

二、“句类”使人产生句子语气和句子功能“一对一”的错觉

由于现有的四种“句类”是按语气分出来的，因此四种“句类”分别对应着四种语气，有什么样的语气就有什么样的“句类”。但在实际的言语交际中，人们会用“疑问句”表达某种请求，甚至用“陈述句”表达请求。看如下两例：

(3)（欲向对方借火）有火吗？

(4)（问路）我想知道去火车站怎么走。

按一般说法，例(3)是“疑问”，可完成的却是祈使；例(4)虽有疑问代词，可却是用所谓“陈述语气”说出的，完成的也是祈使。对这种现象人们可以绕着弯地解释为修辞里的“委婉”也可以说成是一种“表达技巧的问题”。不过，这些解释总给人一种“不得已而为之”的感觉。

其实，如果不把句子的语气和句子的功能一一对应起来，是不会出现这种解释的尴尬的。换句话说，是预先设立的句类理论给语言事实的解释带来了麻烦。如果我们在研究中把所谓“句子语气”和句子功能分开（也就是不用“语气”框定功能），就能解释上述现象。句子的语气是一回事，句子的功能是另一回事。语气是句子的句调形式，功能是句

子所实现的交际目的。说出的句子必须实现一定的交际目的（即完成某种功能），也必须具有一定的语气，但这不意味着我们可以把某一种语气和某一种功能牢牢地捆在一起。事实是：一种功能可以由不同语气的句子来实现，一种语气的句子可以表达多种功能。语气和功能不是“一对一”的关系。

三、“句类”概念掩盖了汉语句子功能的丰富性

言语交际是为了完成特定的交际任务。人类需求的多样性决定了交际任务的多样性。我们知道，言语交际是人类交际的主要形式，而句子又是言语交际的基本单位。自然，句子的功能也应该是多样的。由“句类”的概念统摄的句子功能一般只有四种，导致人们对句子功能的研究仅在“陈述”、“疑问“、“祈使”和“感叹”里打转转，忽视了对句子其他功能的研究，或者将许多不同的功能勉强塞进划定的四类里加以考察。吕明臣所作的关于现代汉语“应对句”的研究试图冲破“句类”的局限，把以往在“感叹句”中分析的现象抽出来单独进行解释，因为“感叹”和“应对”实在是两种截然不同的功能：前者是说话人主观的情感表现，后者则是作用于话语过程的[①]。言语实践告诉我们：句子的功能远不止四类，对所有的句子功能都应该加以解释，这样才称得上是对语言的比较完备的阐释。要做到这一点，就必须冲破“句类”的樊篱。

从以上分析我们看到，“句类”概念使我们的研究陷入了怎样的困境。它一方面造成了理论的矛盾，另一方面妨碍了对句子功能事实的解释。也许是看到了“句类”概念的弊端，邢福义并没有使用这一概念，他坚持认为“句类是句子语气类型的划分，不完全是句子用途的划分”[②]。“不完全是”意味着“还有一部分是”，所以他还是只列出了人们常谈的四类，最终没有走出“句类”的限制。

我们认为，“句类”概念是现代汉语语法研究中的误区，企图用所谓“语气”统摄句子的功能是不切实际的，理论上也行不通。要想全面地研究汉语句子的功能类型，就应该抛弃“句类”概念（除非另作解

---

① 吕明臣．汉语“应对句”说略．汉语学习，1994（2）

② 邢福义．汉语语法学．长春：东北师范大学出版社，1997．25

释)。离开“句类”概念，并不影响句子功能的研究。其实，早期的汉语语法研究著作中就涉及了句子功能的解释，只是没有功能的概念罢了。如高名凯的《汉语语法论》就在其“句型论”一编中讨论了“否定命题”、“询问命题”、“疑惑命题”、“命令命题”和“感叹命题”[①]，相当于现代所说的“否定陈述”、“疑问”、“祈使”和“感叹”。应该提醒人们注意的是：高名凯并没有把“语气”作为划分上述“句型”的依据，虽然他也提到了语气，但主要考虑的是句子的用法。

假如沿着高名凯的思路走，也许不会出现“句类”概念。当然，历史不能假设，我们还是要面对现实。现实的问题是，“句类”概念严重阻碍了我们对句子功能的认识，要扭转这一局面就必须走出“句类”的误区。只有这样，才能对句子功能作出全面的描述并进而建立起合理的现代汉语句子功能类型。

① 高名凯. 汉语语法论. 北京：商务印书馆，1986

附 录 四

现代汉语话语指示功能分析[①]

在现代汉语语法教科书中，我们经常碰到“独立成分”、“插入语”之类的说法。下面看看胡裕树为我们提供的例子[②]：

（1）昌林哥，玉翠嫂子，你们两位同意不？

（2）好，就这样决定！

（3）啊呀，天，你长得多结实啊！

（4）你听，这些孩子的嘴多巧！

（5）从前安徒生写过一篇故事，叫《皇帝的新衣》，想来看的人很不少。

（6）我看樱花，往少里说，也有几十次了。

（7）毫无疑问，我们应当批评各种各样的错误思想。

（8）据说她还在计划写一部关于原子弹的小说。

（9）我们提出向外国学习的口号，我想是提得对的。

上述例子中，加着重号的就是一般所说的“独立成分”，通常对它的解释是：位置比较灵活，不和其他成分发生关系。故而将其归入“特殊句子成分”或“游离成分”之中以区别“主语”、“谓语”等类的句子成分，邢福义（1997）称之为“配对成分之外的成分”[③]。胡裕树将上述例子中的（1）解释为“招呼”；（2）为“应答”；（3）为“感叹”；（4）为“引起对方注意”；（5）、（6）为“对情况的推测和估计”；（7）为“特定的口气”；（8）“表示某一消息或情况的来源”；（9）“表示对某一问题的意见和看法”。但是这种处理方式毕竟不是从正面揭示这些“成分”的性质，终究还是个“特殊”，而“特殊”并不是它的本质。况

① 本文原载《东疆学刊》1999年第3期。

② 胡裕树主编．现代汉语（增订本）．上海：上海教育出版社，1996

③ 邢福义．汉语语法学．长春：东北师范大学出版社，1997

且这种处理方式使人们大大忽视了对这种语言现象的关注，从而缺少了系统的理论解释。倒是邢福义表达了一个新的看法，认为这些“特殊成分”是“一种语用成分”。不过他也没有详细地给予理论阐述。

我们认为邢福义先生的意见是有益的，他改变了以往人们单纯的句法观察角度，将例(1)—（9）中出现的语言现象放在语用的范围内加以考察。透过前述胡裕树的解释不难发现，所谓“独立成分”（或“插入语”）与句法结构中的“主语”、“谓语”等成分的性质和作用绝不相同，而与言语交际有关，或者说与“话语”有关。因此，从“话语”方面描述“独立成分”（或“插入语”），将有助于人们更好地从理论上认识这类语言现象。

“话语”，我们这里是指“话语行为”，不仅仅是“说出来的话”，相当于言语交际的概念。言语交际（或话语行为），简单地说，就是在一定的语境中说话人用一定的语言形式将他要表达的意思传达给听话人。请看下面的例子：

（10）书记发现了他的反常，抬头看了他一下：“还有事?”“哦……”他摇摇头，“没事。”转身走出了书记办公室。(郑)

（11）“我看她也就六十分吧。”老张转头仔细看了一眼。(述)

（12）巧姑莞尔一笑，没有搭腔，却用尖尖的指头点点窗外，轻声说：“哎，你们看，苏小个子跟咱爹配上啦。”(韩)

（13）费母打量厨房：“这个厨房小了一点，如果上面装一排碗橱就好了……听说你还有个小间。”(黄)

例(10)中的“哦”看似无用，但它插在两人的对话之间填充了语流中的间歇，使交际连贯；例(11)中的“我看”表明说话人对将要谈到的东西的一种态度——是他的某种估计；例(12)中的“你们看”是对对方的一种提示，提示对方注意他将要说出的东西；例(13)中的“听说”则指明了说话人将要说出的信息的来源。这些话语成分显然不同于它们各自所在的话语行为里的其他成分，两者分属于不同的层次，只是由于语言线性特征的制约，才出现在同一个表层系列之中。这些话语成分有其自身的特殊性，不能放在一般的句法框架（主谓、动宾、偏正等）中去考察，而应该从话语行为方面来解释它们的作用。

现在我们用“话语指示功能”来指称上面提到的话语成分的作用，相应地把具有这种作用的词语成分称做“话语指示成分”。以下我们将讨论六种话语指示功能，当然这不是话语指示功能的全部。

1. 关系功能。关系功能是指建立或强调话语关系的功能。话语关系是由说话人和听话人建立的一种信息交流关系，一旦说话人选定了听话人，这种关系就被建立起来。例如：

(14)“小许，你吃你娘奶，吃到多大?”肖良这天忽然问。(赵)

(15) 我立刻喊道：“老板娘，来壶热茶!”地上赌钱的大眼珠子听了，立刻冲脏布帘子里的灶上喊：“快点，冲壶热茶!”“好嘞!”老板在脏布帘子里应着。(阿)

例(14)中的“小许”是说话人“肖良”在许多人中选定的交际对象；例(15)中的“老板娘”是“我”选定的听话人，和例(14)不同的是，被选定的听话人不在说话人的眼前。

有的时候话语关系已经建立，仍出现指示关系功能的词语。此时，说话人的目的不是建立话语关系，而是在强调业已建立起来的话语关系。例如：

(16) 四平村长觉得王才有些奇怪，就说：“王才，你今天怎么阴阳怪气神经兮兮的?”王才嗫嗫嚅嚅地说：“村长，你别愁了，我还是报永生家的吧。”(张)

表现关系功能最常见的是用于称呼的词语。当然，“称呼词语”在话语中还有别的作用，未必都表现关系功能。在言语交际中，“称呼词语”经常出现在开头，成为一次交际的起点，“称呼词语”作为交际的起点，其主要的话语功能就是指示“话语关系”。除了“称呼词语”外，还有些词语可以表现关系功能，如下面的例子：

(17) 哎，去火车站怎么走?(口)

(18) 我说，咱们也给孩子请个家教吧。(口)

例(17)和例(18)两例中的“哎”、“我说”都指示“话语关系”，不过最好用于特别熟悉的人，否则就很不礼貌。

在实际的言语交际中，关系功能不一定非要用词语形式来表现，非语言手段（如眼神、动作等）也能指示出“话语关系”。但是，非语言手段不如词语形式明确，因此，在多人参与交际的场合，为了不发生误会并使话语行为顺利进行，往往选择词语形式。

2. 提示功能。提示功能是指说话人在话语进程中提醒听话人注意他将说出的话语。例如：

(19) 曹茂林:“你看，把香头绑在导火线上，要怕引不着导火线的话，香头周围再绑几根火柴。”高占武从曹茂林手里接过绑着洋火的香头来，香头在燃烧…… (马)

(20) 高占武和孔淑贞紧挨着坐在渠堰上，孔淑贞手里拿着高占武的笔记本，指着扯了的那一页说到:“你为什么扯了?”

高占武:“……你想想，朋友要求你帮助，你能不帮助吗?即使自己心里有苦恼……”(马)

例(19)和例(20)中的“你看”、“你想想”都是用来提示听话人的。在言语交际中，说话人的这种提示至少有两个好处:

a. 提醒听话人注意话语的主要内容;

b. 保持信息通道的畅通，以防干扰。

表现提示功能经常用的词语形式有“你想、你听、你看、你瞧”等，有时也用“看、瞧、看看”，如:

(21) 王二狗:“看看，你不老老实实，结果是鸡也飞了，蛋也打了!”(马)

3. 信源功能。在言语交际中，有时说话人会用一些词语指明话语信息的出处和来源，我们把这称为信源功能。例如:

(22) ……听说董大大这么大岁数，还没娶过老婆，老家也没最贴近的亲人了…… (刘)

(23) 刘小兵在中山码头被长江航运公安局抓起来，这是毕业前夕最后一件称得上轰动全系的事。据说是偷了两辆自行车准备运回安徽老家，在轮船上给公安局识破了，抓了个人赃俱获…… (孙)

上述例子中的“听说”、“据说”均表明信息是有来源的，不是说话人主观臆造。如果需要，可以指出具体的来源，像下面的例子:

(24) 听邻居说，下月水费要涨。(口)

信源功能是说话人为使自己的表达更客观所作的一种努力。这可以解释为什么新闻报导中经常出现“据××报道”、“据××透露”、“据权威人士说”等类的说法。应该说，这种行文方式不仅仅是一种习惯，而是和新闻追求的客观性相一致的。

信源功能经常使用的词语有“听说、据说、听(据)××说”等等。

4. 连贯功能。在话语进程中，为了不使语流中断，会用一些词语填充前后话语之间的"词语真空"，造成话语连贯的感觉。口语里常会见到这种现象：

(25) 林子梵终于把一时落到了虚无的月亮上边去的目光收拢回来。"好吧，那么再见。嗯……如果可能，再联系。"言语间有一股大义凛然、视死如归之气。(陈)

(26) 进了邮局，顺顺先买来两个空白汇款单，问彩妹："这回你寄多少?"

彩妹说不出这回不寄的话，她嗫嚅地说："……唔……三百吧……这回……不多……"(刘)

例(25)表连贯功能的词语"嗯"用在一个人的话语中间；例(26)的"唔"则出现在两个人的对话里，它们的作用是一样的：避免话语在形式上的中断，并给说话人一个组织接续话语的时间。除了一些语气词外，人们也用"这个"、"那个"来完成连贯功能。有时我们会看到用"那"的情况：

(27) 枣花："……我可以帮你种果树。"小庚又连连摇头："不用，不用你。""那……"枣花想了想，"我就去帮你管虾塘。"(韩)

这里的"那"明显具有"既然……就……"的意思，同时也起连贯作用。言语交际是个复杂的现象，一个词语形式表现多种意思和作用是不奇怪的。

5. 语态功能。语态功能表明说话人对他所说的话语的主观态度。在话语行为中，说话人对其所说的话可能报有各种态度。对此作详细的分析将构成一个专门的课题，以下我们只从几个方面作一个大略的说明。

a. 向听话人指明即将说出的仅仅是自己的想法。例如：

(28) 李克明："我看自由结合好一些，更能发挥大家的积极性。"高占武："可能。"(马)

(29) 我说："这叫转婚。依我看，长条子和小娥没问题。问题是长条子的姐姐愿意才行……"(叶)

b. 表示推测和估计。例如：

(30)"说不定，这吴大头真是什么先行官?"宋四妹自言自语地问着。(林)

(31) 我看你对旧情还恋恋不舍的，以品味自己的酸为乐。(高)

c. 表示肯定、诚恳、直率等语态。胡裕树把这部分概括为“表示特定的口气”，请看他引述的例子（序号是按本文排列的）：

(32) 毫无疑问，我们应当批评各种各样的错误思想。

(33) 说实在的，这些成绩全是党的。

(34) 老实说，她还更瞧不起昌林。

(35) 这种埋头做事、不动脑筋的人，简直是——说得不客气一点——跟牛马一样。

上述各例都表明说话人的语态：

例(32)为肯定；例(33)、(34) 表示了诚恳；例(35)则意味着直率。

6. 结构功能。“结构”是个用得很广泛的词，可以指句法结构，也可以指话语结构。我们说的结构功能是话语范围内的用于结构前后话语的一种功能。例如：

(36) 总之，文学对人的影响是全面的，它对社会的作用也是多方面的。(童)

(37) 综上所述，文学创作必须从社会出发，社会生活是文学创作的唯一源泉……（童）

(38) ……不同文学之间的互相影响，并不总是表现为对等的作用关系。也就是说，由于所处的历史发展阶段的不同，一个民族对他民族文学的影响往往比自己受到对方的影响要大些。

例(36)的“总之”、例(37)的“综上所述”都是总括上文的；例(38)的“也就是说”则表明后边的话是对前面话语的解释。结构功能可能会表现在话语行为的许多方面，我们这里仅仅提到了两种情况。要在话语里将结构功能成分与其他的句法成分区分开还是有些困难的，目前尚缺少一个比较科学的划界标准。但不管怎么说，话语中确实存在一些成分，它们是用来结构前后话语的。

由于实际言语交际的复杂性，也由于一般句法研究习惯的影响，目前对这一问题的认识还有很多不清楚的地方。以下拣选几个我们认为有意义的问题作一些讨论，希望能引起大家的兴趣。

1. 观察角度问题。传统的句法研究只处理句子结构问题，遇到前述的“话语指示功能成分”，因为无法归入到一般的句法平面中去，不得不采用诸如“独立成分”、“插入语”等特殊成分的说法。我们以为，只要将观察角度从句法挪到话语平面，就可以正面揭示这些语言现象。

虽然以往的研究也指出了它们的某些意义，但显然缺乏系统性。要在话语平面解释这些现象，就要充分考虑话语行为各个构成要素，看看这些现象与哪些要素有关，从而作出系统合理的解释。

2. 语言功能问题。传统的句法研究更关注“结构”问题，并且作出了极大的成就，但有些忽视“功能”的探讨。其实，“结构”和“功能”是语言研究都应该始终关注的两大主题。抓住“功能”才能使我们的“结构研究”有所归属，使“结构的描述”更为合理。比如以往的研究在所谓“独立成分”的作用解释中，设置“应答”、“感叹”两项，这就不是从功能出发，因为从功能上看，“应答”和“感叹”均为“表述功能”，和“独立成分”里的其他作用的性质是不一样的。将不同性质的功能放在一个笼统的结构形式里去解释，难免会混淆和掩盖一些现象。因此从功能入手，理清功能的种类，进而找出表现某种功能的结构形式，无疑将有助于推进现代汉语语用方面的研究。

3. 话语指示功能的范围问题。话语指示功能的范围有多大，这是我们必须面对的问题。在前面的讨论中，我们是把它框定在话语行为里，涉及说话人、听话人、话语进程和话语结构等方面。不过有些现象虽没在我们的讨论之中，但显然与话语指示功能有关，如一般提到的“例释”现象。还有下面这样的例子：

(39) 我们已经知道，文学创作是再现社会生活与表现主观思想感情的统一。(童)

(40) 前面已指出，情节不等于结构。(童)

(41) 在叙事文学作品中，根据语言同作品中故事内容的关系可区分出人物语言与叙述人语言两大类型。所谓人物语言，是指作品中人物的对话、独白乃至内心语言等…… (童)

例(39)中的“我们已经知道”是在提示“大家已知道的东西”；例(40)中的“前面已指出”是提示读者后面的东西前面已说过。如果这两种现象都算做话语提示功能的话，那我们就要有充分的理由能分辨出哪些词语成分是“关于话语内容”的，哪些是“关于话语的话语”的。现在我们还没有找到这个理由。例(41)中的“所谓”无疑是“引进话题”的，认定这种话语功能，面对的困难可能更多。比如要确定“什么是话题”，就可能有不同的说法，话题确定不了，什么成分引进话题就不好谈了。

例句出处：

（郑）：郑彦英（老秘）．小说选刊．1997．（2）／（述）：述平．有话好好说．中国电影出版社，1997/（韩）：韩志君，韩志晨．辘轳·女人和井．中国戏剧出版社，1991/（黄）：黄允．黄允电视剧作选．中国戏剧出版社，1993/（赵）：赵琪．苍茫组歌．小说选刊，1996（1）／（阿）阿成：小酒馆．小说选刊，1996（11）／（张）：张继．村长和鱼．小说选刊，1996．11/（马）：马烽．我们村里的年轻人．中国电影剧本选集（五）．中国电影出版社，1979/（刘）：刘心武．护城河边的灰姑娘．小说选刊，1997（4）／（孙）：孙见．铃儿响叮当．小说选刊，1997（4）／（陈）陈染．时间不逝，圆圈不圆．小说选刊，1997（3）／（叶）叶蔚林．秋夜难忘．小说选刊，1997（3）／（林）：林希．一杠一花．小说选刊，1997（3）／（高）：高旗．猛擅南墙．小说选刊，1996（11）／（童）：童庆炳．文学概念．武汉大学出版社，1995

附　录　五

言语的建构[①]

自从语言研究从一般的语文学中分离出来，尤其是当德·索绪尔将语言和言语作了天才的区分之后，语言学才真正取得了科学地位而且有了长足的发展。现代语言学的成就，不仅使一个门外汉，而且就是一个专业从事语言研究的人也深感惊讶。面对着那些光怪陆离的理论，一般人常常抱有疑虑：语言学家们是不是走得太远了？的确，理论早已将人们的语言实践抛到了后面。也许发生这样的事并不能责难语言学家。但是，作为一种关心语言的理论是不是应该对语言实践这样一个事实作出相应的说明呢？

实际上，随着语言学研究的深入，人们已经在试图说明语言实践方面的问题，被广泛称做"话语语言学"、"语用学"的研究中就不乏这样的理论。不过应该注意的是：研究者们总是不约而同地从语言的层次出发引出语言实践方面的论题，而且至少有一部分研究是为证明语言的理论命题而进行的。虽然诚如索绪尔所说："言语活动中其他一切构成言语的要素都会自动来归附于这头一门科学。"[②] 可我们还是愿意看到一种"言语的语言学"，因为只有这样言语才会成为人们认真对待的东西从而得到独立的解释。当然，这样并不意味着采取一种和语言学完全对立的立场。而且恰恰相反，只有当语言的研究发展到了如此广泛、深入的阶段，才有可能真正地、科学地解决言语的问题。

本着这样的精神，我们试图在以下的论述中阐明言语的性质和言语的建构问题，希望通过这种阐述，提醒人们关注一下言语事实，从而发现一些饶有兴趣的理论命题。

言语活动即交际活动。面对交际行为，很容易想到三种参与其中的

---

① 本文原载《社会科学战线》2000 年第 5 期。

② 索绪尔. 普通语言学教程. 高名凯译. 北京：商务印书馆，1982. 40

要素：

（1）交际的人——说话者和听话者；

（2）交际的内容——交际的人所要表达的东西，这必然是说话人所面对的世界（精神和物质的）；

（3）交际的形式——一种能够以某种物质为媒介表现世界的形式，即一种符号体系。

言语活动作为交际行为，只在上述的（3）上有别于其他的交际行为，它是一种以语言为交际形式来表现世界的交际行为。因此，关于言语活动的思考本质上是围绕着人、语言和世界进行的，对言语活动所能作出的种种推断必定取决于对人、语言和世界的关系所持有的基本态度。

站在一般的哲学立场上看，世界乃是万物之本。人就其本性来说，也是自然界的一部分。然而当人一旦获得了自我意识的能力便从自然界中分化出来，成为与自然对立的存在。人实现这一根本性的转变是和语言的产生密切相关的——只有语言的产生才使得人第一次能够在精神的领域支配着自然，才能意识到人自身的存在。从这个意义上说，语言的历史和人的历史一样长久。语言之所以具有如此神秘的、巨大的魔力，不是因为别的什么，而在于语言是世界的替代物。这种替代物并不像事物的某种简单的标记，而是一种成体系的符号，人可以将世界有规律地投射到它的上面去。很明显，被投射物和投射物并不是同一种东西，所以语言并不就是世界。就如镜子中的人像尽管可以很像照镜子的人，但它永远不会是现实的人一样。

应该承认，获得语言是人的一大幸福，它使人在支配世界时赢得了一种自由。这种自由在前语言史期的人（如果称做人的话）第一次发现他能够将世界投射到另一种他更易掌握的物质形式上的时候便获得了。不过，人类自己常常感到困惑不解的是：他为了获得某种自由而创造的东西反过来又成了对他的新的专制，语言的情况正是如此。人创造了语言，赢得了自由，但随着这种创造的日臻完善，人便为语言所束缚，语言变成了它的创造者的对立物。看来，语言带给人的自由远不是绝对的、无条件的，而是相对的，有条件的。造成这种状况正在于语言这个怪物本身：它一方面被人创造出来表现世界；另一方面，它一经产生便挣脱了人的怀抱并独立于世界。它切断了人和世界的最为直接的接触，它强迫人在表现世界时服从它，诚如哲学家卡西尔所说："人是符号的动物。"[①] 因为人变成了符号的动物，所以人和世界都付出了代价。自从语言产生，它就与人和世界形成了两种最基本的关系：

(1) 语言只有通过人才和世界发生联系；

(2) 人主要是通过语言来表现世界。

那么，人是怎样通过语言表现世界的呢？我们知道，要表现什么，并使这种表现被别人理解，就必须找到一种人们普遍都能通晓的形式手段。语言就是这样一种形式手段。而且对于人来说，它比之其他可能的形式手段更重要、更具普遍性。语言作为一种符号体系贮存在人们的头脑里，它是人的共同财富的一部分。在那里，我们可以找到一个被形式化了（从而也是被特定的物质物质化了）的抽象世界。但是，人所要表现的并非这抽象的世界（如果是那样，就根本不用表现），而是具体的世界。对某个人来说，就是他自己的世界。因此，当某个人在用语言表现他的世界的时候，就必然是将语言和他的世界加以连接以便使其他人能够通过语言把握这种连接并进而想象他的世界。所谓连接就是将抽象的世界转化为具体的世界，言语活动即是人不断地将语言和具体世界连接的过程，而作为言语活动的产物——语言和具体世界连接的产物就被称之为言语。

为了使我们关于言语本质的说明更易于理解，不妨来分析一下具体的材料。在汉语中，"我"这个词在词典中的意义为"第一人称代词"，同时这也是被人们共同贮存的语言中的"我"。当人们在言语活动中要表现说话人自己时，便用"我"和具体的人——他自己进行连接，这时，"我"就由语言的抽象世界转到了具体的世界，成为一个特定的"第一人称"。它是语言中的"我"和具体世界中的特定的人的连接的产物。这就是言语的"我"。语言中的词都可以作出这样的描述。不仅仅是词，词和词的组合也具有同样的情形。比如"我是学生"，如果其中"我"发生了上述"我"的言语转化，那么"学生"便立刻由抽象的世界变成具体的世界，作为"我"的一种属性而归于那个特定的"我"，从而一种抽象的表示判断的组合也就成了一种具体的判断组合了。像这

---

① 卡西尔．人论．甘阳译．上海：上海译文出版社，1986．34

样理解的言语并不能简单地归结为“语言的运用”或“具体的语言”等诸如此类的说法。言语在本质上是和语言截然不同的：首先，语言是抽象的，言语则是具体的；其次，语言是独立于个人的，而言语则永远属于个人的创造；第三，语言是静态的封闭系统，言语则是动态的开放的；第四，语言是可以复现的，言语则是一次性的。总之，对于语言，人们可以将其放在符号的事实中，而言语并不能属于符号的领域，语言是符号而言语不是符号，至少不是严格意义上的符号。

言语不是符号，它是语言和具体世界的复合物，这一点并不影响言语作为一种结构体的存在，也不妨碍人们从结构上去认识它，尽管言语的结构根本不同于语言的结构。在对言语的结构进行考察时，必须时时提醒自己切勿陷入语言的陷阱——用语言的分析取代言语的分析（只要注意到语言和言语的物质形式的同质性这一情况，就会明白我们的提醒不是多余的）。

在言语结构中，最易观察到的事实是言语的形式和内容。也许有人习惯于（如果不算是误解的话）用“能指”和“所指”来概括这样的两个方面。然而正像人们知道的那样，“能指”和“所指”这两个术语的最初含义是指语言结构的两种成素，就是后来的推广用法也是指一般符号的成素。而言语——如前边我们讨论过的那样——在本质上并不是一种符号，因此，为了避免某种误解，最好还是将“能指”和“所指”的术语严格控制在语言及一般符号研究的领域，于言语中最好不用，哪怕是在比喻的意义上使用它。诚然，用“形式”和“内容”也是要冒风险的，因为这一对术语经常被用在最一般的意义上，往往给人以空洞的联想。但是，只要我们按照如下的意义来使用“言语的形式”和“言语的内容”的术语，就不会言之无物：

言语形式——言语活动中使用的语言符号；

言语内容——言语活动中人所要表现的具体世界。

言语形式和言语内容是言语结构的必不可少的构成要素。言语是由言语形式和言语内容组成的一个系列。对言语系列，我们也可以采取语言的切分方法加以切分从而确定各种不同的言语单位。假如我们有充分的理由这样做，也许会得到近似语言中词和词组那样的单位。在这里使用“近似”一词，其意思是想指出言语单位和语言单位虽然就其长度来说可能一致，但本质是不同的。语言单位是以某种方式贮存在人脑中的，它是预制件，言语单位不论怎么说也只能是临时构建的，它不能像语言单位一样被贮存。

强调言语单位的临时性是有意义的。实际上，它是从另一方面捕捉到了言语的本质。由于它引进了时间的因素，就为我们动态地把握言语系列提供了一个出发点。从概括的意义上来说，言语单位都是临时的，由它们组成的言语系列也是临时的。就特定的言语系列来看，由于它最终总是体现为一个时间的序列，所以参与其中的言语单位就依次被安排在整体的时间表中。那么，属于一个言语系列的言语单位是什么时候被构建的呢？有一点是明确的，即它们一定是在不同的时间点上被一个个地构建成的。不过，倘若要以一个特定的言语系列所体现出的时间序列来依次确定其言语单位构建的先后就失之武断了。事实上，在许多言语系列那里，某些后说出的言语单位恰恰是先于它前边的言语单位就构成了的。例如：

(1) a. 小张什么时候走？

b. 明天走。

这是一组问答对话，例(1)a 和例(1)b 分别构成言语系列。在例(1)b 中，在时间点上后说出的言语单位“走”恰好是先于“明天”就在例(1)a 中被构建了的。再如：

(2) 关掉车灯！

如果承认带重音的“关掉”是某种意义的重心的话，那么我们毫不怀疑非重音单位“车灯”是先于它前边的单位就建构好了的。

因此，若要确定言语单位建构的时间顺序，就必须放弃特定的言语系列而以某种更宽泛的时间序列为依据。这样，我们就可以从时间的范畴出发规定两种言语单位：前言语单位和后言语单位。

前言语单位和后言语单位的区分还存在一个明显的理由：言语单位虽然是临时建构出来的，但它一经建构也可以被记忆，被贮存。也就是说，它不会立刻就消失，有的言语单位大概会被人终生记忆。也许有人怀疑这样被记忆的言语单位还算不算言语单位，其实大可不必，因为即使所有的言语单位都被长久地记忆——事实上不可能——言语单位的记忆和语言单位的贮存也不一样，它们不在同一层次，就像记住一块特定的“手表”和记住“手表”这个词一样属于两种记忆层次。言语单位的可记忆性就使得前言语单位和后言语单位的存在成为可能，因为假始记忆不存在，就无所谓先后了，言语活动的存在也就成了问题。

言语单位的可记忆使得言语单位显示出了前后的构建时间，而言语单位的可记忆性又是以言语单位的理解为前提的。一个言语单位被构成——如果是正确的话——就将被理解成为一个既定的事实并为参与言语活动的人所记忆，从而成为公共的东西。言语单位的这种特质导致了前言语单位将拥有的一个特权：它可以影响后言语单位的构建和理解。例如：

例(3)a. 我坐在沙发上。

b. 我坐在沙发上。

c. 我坐在沙发上。

例(3)a-c 三个言语系列的不同是由于重音的位置不同。决定其重音分配的唯一理由就是看哪些言语单位是共知的，哪些是未知的。共知言语单位的不同影响了未知言语单位的构建——重音的分配方式。再如：

(4) a. 你明天什么时候出车?

b. 下午。

这是一个更为特殊的例子：例(4)b 的言语系列之所以被构建并能被理解，正是因为先于它存在了例(4)a 的言语系列——“你”、“明天”、“（某个）时候”、“出车”这样一些共知言语单位。详细地推究言语的构建过程就会惊异地发现，它和人们一般的认知经验是多么的相似。

当人们要获得新的知识时，总是以原有的知识为基础，从已知推导出新知。言语活动也是如此。当人们想要构建新的言语单位时，总是在设法寻找一些先于它存在的前言语单位。这种前言语单位就是交际双方所共知的一种语言和现实具体世界的“对接”，这种“对接”为即将构建的新的言语提供了一个“支点”。“支点”一方面成为构建新言语的出发地，另一方面也是理解新言语的依据。因此，一旦人们能以某种方式获得某种前言语单位（即找到“支点”），他就会毫不犹豫地以此为基础构建新的言语单位（即后言语单位）。不妨说，在言语活动中前言语单位以某种方式制约着后言语单位的构建。考虑到一个言语系列的意义主要是由后言语单位构成的，而它又不像前言语单位那样具有既成性，和后者相比它具有可变性，因此我们将引进两个更为明确的术语取代它们：用共元单位取代前言语单位，用变元单位取代后言语单位。共元单位和变元单位是从言语系列中切分出来的两个重要单位，从原则上说，一个言语系列就是由共元单位和变元单位结构而成的。

前面的讨论我们力图证明：一个言语系列是由共元单位和变元单位结构而成的。

其实，就是两个以上的言语系列也是如此（如果我们有办法区分什么是一个言语系列的话）。假定在一个复杂的言语活动中，言语是由多个言语系列构成的，那么，这个言语就是由多个共元单位和变元单位构成的，而且绝不会没有这样的情形：一个言语单位在前一个言语系列中是变元，而在后一个言语系列中又成为共元。也不会缺少如下的事例：

(5) 甲：张丽明天来找你。

乙：谁是张丽？

甲：厂长的女儿。

在这组对话中，乙的言语证明他并没有真正理解甲的言语，因为他无法知道和“张丽”这个语言中的人名相连接的具体的人是哪个，从而也就无法知道“明天找他”的行为应归属哪个具体的人。造成这种言语失误的真正原因是由于甲选择的共元单位“张丽”并不是真正的共元单位，其结果就导致一次言语活动的失败，甲的第二个言语系列正是为了挽回这种失败而构建的。

在下面的讨论中我们将不涉及上述两种特殊情形，即假定在一个成功的言语系列中，存在着共元和变元两种单位。在言语活动中，从说话人的角度说，他首先要做的事就是构建言语的变元单位——这是他参与言语活动的唯一目的，接着他就要为了他构建的变元单位能够被理解而努力，找到能够理解变元单位的基础——共元单位。从听话人的角度看，他在听到一个言语系列时，首先要做的是认定言语的共元单位，然后才以此为基础去理解变元单位。不难看出，言语构建和言语理解是一个相反的过程。作为言语系列，它对言语活动的双方来说是共同的，他们（说话人和听话人）不仅面对相同的共元和变元，而且面对相同的共元单位和变元单位的组合。一定存在着某种东西使得共元单位和变元单位能够结构起来，这种东西一方面为说话人提供了选择共元单位的原则和范围，一方面又使得听话人由共元单位理解变元单位成为可能，否则相同的组合就不复存在。构建言语和理解言语的相反过程在言语系列中达到了某种同一，这种同一使我们相信：能够使言语系列中共元单位和变元单位结构起来的东西一定是人们共同占有的。

那么，将共元单位和变元单位结构起来的是什么呢？它是贮存在人们头脑中的某种规则系统。目前我们对它的了解还太少。虽然我们希望对这种规则的描述最好能与语言结构的规则——语法取得统一，但就目前语法的理论来看，还不足以描述清楚这种规则。比如很简单的一个言语系列：

（6）小猫吃鱼。

语法所描述的仅仅是语言层——言语的形式层："小猫"是主语，由名词充当；"吃鱼"是谓语，由述宾词组充当。其中述语是动词，宾语是名词以及部分语义说明等。然而要作言语的分析，我们就必须确定共元单位和变元单位。如果"小猫"是变元单位，"吃鱼"是共元单位，那么，在由共元理解变元的过程中我们可以看到，变元为共元"补充"了一个行为的主体；如果"鱼"是变元，则变元是为共元"补充"了行为的客体；若"吃"是变元，那么变元就是描述了"小猫"主体对客体"鱼"的行为关系。

因此，在讨论共元变元结构的规则时我们宁愿放弃从语法理论作出描述的尝试，坚持从言语的层次出发去勾勒一下这些规则可能的范围。以下是我们的尝试，例子中加着重号的表示变元单位。

（一）补足性规则。这是一种以行为性成为共元单位的规则，变元单位在这里表现为对行为性共元单位的补足。这种补足可以是各个方面的：行为的主体和客体；行为的时间和空间；行为的方式和工具以及行为的结果等。例如：

（7）［去上海怎么走?］坐飞机走。

（8）离家三年了，他想故乡的人，想故乡的山路，想故乡的茅屋……

（9）明天爸爸也回来。

（二）限定规则。由此种规则构成的言语系列，其中的共元单位所表现的往往是一般的事物，而变元则表明一种特征，是对共元单位的限定，使整个言语表达一个和共元单位同类的个别事物。例如：

（10）路基，长长的路基。

（11）篮子里装着一只碗，破的。

（三）判断规则。共元单位表明判断的对象，变元单位表明共元单位所具有的某种属性。例如：

（12）我们的战士是最可爱的人。

（13）他还有一个姐姐，在北京。

（四）描述规则。共元单位表明人或事物，变元单位表明某种行为、评价和描写。将变元单位与共元单位组合，就使得变元单位得到了描述对象（其实是将某种行为、评价和描写归属于某个对象）进而被理解。

（14）树上飞来几只鸟，叽叽喳喳叫个不停。

（15）这小伙子很自信，聪明，有前途。

（16）王处长昨天出差了。

（五）推断规则。共元单位表明某种前提和原因，变元单位表明某种能从共元推出的结果。

（17）因为天气不好，运动会推迟举行。

（18）他之所以能逍遥法外，是因为有他父亲。

（六）逆推断规则。逆推断规则是对推断规则的一种否定，变元单位表明对共元单位所能推导出的结果的否定。例如：

（19）虽然天气不好，但运动会仍如期举行。

（20）人千万不能傲气十足，尽管他可能很有学问。

以上六条的所谓“规则”当然没有概括全部的共元、变元组合的情况，在实际的言语活动中，这些规则往往是交叉地使用着，可能造成言语中更为复杂的状况。对这种复杂状况的讨论显然不是本文所能完成的，就是我们已经概括出的六种规则也是极不成熟的。很明显，我们借用了语法中流行的术语。说“借用”，是想按照我们的含义去理解它们，至少暂时如此。

在关于言语和言语结构的讨论中，我们始终都在坚持着一个基本看法——言语是语言和具体世界发生连接的产物，这是我们讨论的出发点。对这样的一个基本命题，语言学是不是毫无涉及呢？不是。虽然语言研究并不关心言语的事实，可它的研究总是从言语中找到它的材料和对象。因此，语言研究根本就无法摆脱言语的干扰。在语言的研究中，我们总是可以隐约地发现涉及言语的议论。其议论最多的地方就是句子。作为证明，下面我们将引一段胡裕树先生关于句子所写的话：“……因为有了语调，才能使句子中词语所叙述的内容同现实发生特定联系……为什么同是一个‘鸡叫’，有时成为句子有时又不能呢？分别就在同现实有没有特定的联系上。因为句子同现实有了特定的联系，具有特定的内容，所以才能作为语言的基本运用单位。”①

不难看出，胡裕树先生充分理解了语言和言语的区别的事实。这种思想我们在其他一些类似的著作中也时有发现。不过令人遗憾的是：这种思想并没有引起人们应有的高度重视和被最大限度地发挥，只把它当做在语言研究中给句子找到的一种解释。由于人们普遍地不看重言语，只是在解释语言时偶尔提及言语，而且常常是迫不得已的，所以在涉及像句子这类现象时就显现出理论的贫乏。当然，现在就断言句子是什么还为时过早，以下我们只想指出一般句子研究中反映出来的一些颇有点奇怪的现象。

很容易看到的事实是：人们在研究语言时给作为语言单位提出的句子赋予了言语的特征。这样做有着大家都熟悉的理由。因为无论如何，句子这种语言单位和词、词组有着极大的差别，这种差别已经证明不能采用分析词和词组的那种方法加以描述。换句话说，对于句子，已经不能单纯地从一般的语言学平面加以解释而要引入言语的东西。于是，听到“句子是一种表达单位”、“句子是一种动态单位”一类的说法也就很可以理解了。可是这样一来，人们势必要重新思考：句子究竟是语言单位还是言语单位？从目前的情况看，这恐怕是一个难于回答的问题，困难之一就是在于人们一方面不愿意放弃句子是语言单位的立场，唯恐那样会降低句子的身份；另一方面，人们又不得不给句子赋予言语的解释，否则什么是句子也就成了问题。

也许我们不应该过分地纠缠于句子的定义，要是这种定义能引导人们去发现句子本身的更有价值的东西的话。然而实际情况却是：研究句子单位的人在给句子作了一些言语的规定之后就立刻杀了个回马枪，在进一步讨论句型这个重要的问题的时候将他原来给予句子的某些言语特征忘得一干二净。纵观现代汉语的句型研究，在许多研究者那里除了“句型”的帽子以外，实在看不出它与不是句子的词组结构的研究有什么原则的不同。既然我们冠以“句型研究”的东西也可以在句型以外的

① 胡裕树主编．现代汉语．上海：上海教育出版社，1996．314

其他地方去探讨，那么是不是有理由怀疑一下这种研究的价值呢？假如我们一定要坚持在句子中放进言语的特征，那就应该在研究句型时也充分注意到这些特征，这样就不至将句型的研究弄得四不像，从语言的实际使用这一点来看，这样做会更有好处。

坚持把言语当做一个独立的事实加以研究是本文的基本主张。当然，我们绝不反对从语言研究的角度使言语的事实得以归附得到说明，但要注意这种归附并不能抛掉言语所固有的成分，否则就会出现句子研究中所发生的情形。有人说言语是具体的，语言是抽象的，从具体到抽象才是研究，而句型研究正是一种抽象。从一般的原则讲，这是不错的。但抽象是多种多样的，我们究竟应该如何抽象地研究言语呢？要是我们的抽象已经抽象到将言语的内容抛弃掉只剩下言语的形式，那就不再是抽象，而是抽取了。将言语的形式——语言分离出来加以研究是必要的，但这不是最高的目的。与它相比，考虑有内容的形式，考虑言语的研究将要达到更高的目的。如果说索绪尔的时代将语言从言语中分离出来主要是为了研究语言，那么现在重新强调语言和言语的区别则主要是为了更好地解释言语。现在已经到了将语言拉回它所产生的地方的时候了——语用学的兴起就是一个明证。

附　录　六

现代汉语应对句的功能①

在现代汉语句类的划分上，我们始终坚持一个“表述功能”标准，即按句子的“用途”去归纳句类，句子的语气是个似是而非的东西，不能成为划分句类的标准②。根据句子的“表述功能”，我们坚持将下面的句子独立出来加以考虑：

（1）黄省三：（踉跄摔倒，几乎瘫在那儿）你为什么骂人？我知道我穷，我知道我穷，可是你不能骂我。你，你不能……

王福生：（恶意地玩笑）那你问我他家里去，我哪知道？（拍着他的肩，狞笑）好，好，你不是王八，你独儿子是王八蛋，好吗？〈曹〉③

例子中王福生的“好，好”所表示的不是“好坏”的意思，而且是用来打断对方谈话的。像这样的句子是无法简单地归入“陈述句”和“感叹句”的。我们将这类功能的句子称为“应对句”。

在我们以往的关于应对句功能的解释中，存在两个明显的缺失：

a. 没有从整体方面确立它在句类系统中的功能地位；

b. 对应对句具体功能的说明不系统、细致。故此，本文将对这两方面作一些阐释，以就教于同行专家。

一、应对句的功能地位

我们认为，汉语的句类体现的是句子的用途，即表述功能，不同的句类之所以不同，是因为其表述功能的区别。要谈论句子的表述功能，就必须将注意的焦点放在言语的交际中，从言语交际的过程中去描述功

① 本文原载《汉语学习》2000年第6期。

② 见拙文《走出“句类”的误区》，《吉林师范学院学报》1999年第2期。

③ 〈曹〉为曹禺《日出》的简称，以下〈口〉为“日常口语”的简称。

能。这样做的理由非常简单，因为句子是一个表述单位，从纯粹语言结构的层面无助于解释它的表述功能问题。

我们知道，言语交际过程是由说话人、听话人、交际内容（包含目的）、交际形式及语境构成，大致的过程如下：

说话人——形　式 / 内容（目的）——听话人

语　境

在一个具体的交际过程中，一个语句说出，当且仅当它有用——能够表述什么，否则，语句不会被说出，言语交际过程不会发生。一个语句的表述功能是在一个特定的言语交际过程中被实现的，对语句功能的解释也应该充分考虑到言语交际过程的语言因素。

仔细观察会发现，语句的不同功能与言语交际过程的不同要素关系密切，不同功能的作用点（或叫做指向性）不同，语句的功能指向性不同，它体现的功能就不一致。我们可以对传统的四种句类给出一个新的解释。

A. 陈述句。一般认为是告诉别人一件事情等等。实际，所谓陈述是指向话题内容的，它以表述某种话题为目的。

B. 祈使句。要求别人（即对方）从事或不从事某种行为。实际上是指向听话人的行为的。

C. 感叹句。传统认为是抒发感情的句子。这种说法过于宽泛，我们认为感叹句是专门抒发感情的，它指向说话人自身[1]。

D. 疑问句。一般说，它是用于提问的句子，不过，我们应该追究一下疑问句的适用性问题。任何陈述句都可以为其设置一个疑问句，例如：

陈述句：他昨天回来了。

疑问句：a. 谁昨天回来了？b. 他什么时候回来的？

但是，任何祈使句和感叹句都无法为其设置相应的疑问句，否则，就变成了陈述句。例如：

祈使句：请把门打开！

疑问句：*请把门怎么样？*请把什么打开？

在实际中也许会出现这种情形，要求对方做什么，而对方没搞清，于

① 见拙文《汉语情感指向和感叹句》，《汉语学习》1998年第6期。

是提问。但这不是对祈使句的提问，而是对“某物、某事件”的提问。

不难看出，疑问句不是万能的，它只和陈述句相关。和陈述句一样，疑问句是指向话题内容的。因此，我们完全有理由将陈述句均看成是对某种疑问句的回答，区别只在于有的疑问被语言表述出来，而有的没有被表述。从功能指向角度出发，陈述句、疑问句是同类的，它们共同承担了一种对话题内容的“表达功能”。传统句类的四分法将疑问句和陈述句、祈使句、感叹句并列于同一层次是不正确的，是忽视表述功能导致的结果。

按照上述对传统四种句类的解释方式，可以确定“应对句”的功能地位。我们说的应对句实际是指向言语交际过程中某种关系的。前边举过的例①中的“好”指向的是话语关系，有的应对句可能指向说话人/听话人的关系，像下例。

②月光：“对不起，我不知道……”说完转身就走。〈黄〉[1]

例②中的“对不起”是用来协调人际关系的。

当然，谈关系容易导致宽泛，一个祈使句，也可能同时表现出对对方的某种关系状态。为了严格起见，我们仅仅将在言语交际过程中那些单纯起表现说、听双方关系作用的语句称为应对句。换句话说，应对句除了表现上述关系，不表现别的什么。

二、应对句功能的分类

应对句是指向言语交际过程某种关系的语句，关系的不同决定了应对句具体功能的差别。从总的方面看，应对句有两大功能范畴：一个是应酬功能，它指向说话人和听话人双方的关系，起协调作用；一个是话语功能，它指向说、听双方的话语关系和话语进程等。

1. 应酬功能。用来协调说话人和听话人的关系。例如：

③ 大爷朝她手上一塞：“拿着！”

灵灵：“谢谢！”正要走。〈黄〉

“谢谢”是一种礼貌的应酬语。它仅仅作用于双方的关系，在言语

---

① 〈黄〉为黄允《黄允电视剧作选》的简称。

交际中，应酬语均是一种应对句。关于应酬语，孙维张有过较为详尽的描述[①]，故不赘述。应该注意的是，许多用于招呼的称谓语，也具有应酬功能，也视为应对句。如：

④ 陆岩："大婶！"

大婶一指头："呵，陆岩那儿！"〈黄〉

2. 话语功能。应对句的话语功能以往讨论的不多。这是因为以往的研究一般是以一个一个的句子为分析单位，所以容易忽视应对句在整个话语系列中的作用，其实，应对句在话语结构中的作用是很大的。

(1) 确定实际对象。交际的开头语主要是用来确定交际的对象。交际是由说话人和听话人共同参与完成的，而听话人一般是由说话人选定的。说话人选择合适的形式指称听话人以便引起对方注意，从而架起言语交际的桥梁。这种选定听话人的语句就出现在话语的开头。用于开头语的应对句主要有两种情况：一种用称谓语，这是最常见的，如：

⑤ 潘月亭：顾太太，你看胡四这两天又不到银行办事来了。〈曹〉

另一种是用一些叹词，如"哎"、"喂"等。需要注意的是，用叹词的形式只适合于特别熟的人之间，否则就显得没礼貌。而称谓的适用范围就广一些。

(2) 确定话题。话题是话语结构中很重要的因素，话语是围绕着某一话题展开的。应对句经常用来确定话题，具体表现为三种情况。

a. 引入话题。如：

⑥ 顾八奶奶：博士，你这两天没跟胡四一起玩儿？

张乔治：胡四？前两天我在俱乐部看见他拉着他那条狗，一块走来走去。〈曹〉

这组对话中，张乔治话语中的"胡四"就是引进的新话题。

b. 承接话题。对方先说起某一话题，承接对方的话题继续说下去。当然，承接话题可以不指明，用应对句有确认的作用。如下面的对话：

⑦ A：告诉你，我买到旅游地图了。

B：是吗？快拿来看看。〈口〉

---

① 孙维张. 汉语社会语言学. 贵阳：贵州人民出版社，1991. 142～154

“是吗”不是一般的疑问，而是承接上句“关于地图”的话题，然后接着说下去。

c. 转换话题。在话语系列中，话题是可以转换的。转换话题就有接话点，用应对句表明的接话点就起转换作用。例如：

⑧ 方达生：这楼是给谁盖的？

王福生：给谁盖的，反正是给有钱人盖的吧。是给大丰银行盖的，给潘四爷盖的。大概连（指左边屋内）在屋里的顾八奶奶也有份。（无聊地）有钱嘿！你看，就盖大楼。（慨系之）越有钱越有钱嘿！

方达生：顾八奶奶？你说的是不是那个满脸擦着胭脂粉的老女人？〈曹〉

上例中，开始谈论的话题是有关“盖洋楼”的，王福生的话中提到了顾八奶奶，方达生用一句“顾八奶奶”，使话题转到了顾八奶奶这个女人身上。“顾八奶奶”不是提问，是一个接话点。这种用于转换话题的应对句对前边的话语来说是承接话题，对后边的话语来说是引进话题。

d. 终止话题。在谈话的过程中，终止一个话题，有时也是应对句表示出来。例如：

⑨ 杉风：“哼！爱！我是个男人，我不能画饼充饥呵。”

月光：“你以前不是这样对我的，等结婚以后……。”

杉风不耐烦地：“啧！好了，我请你不要盯着我，这样影响不好。”〈黄〉

句中的“好了”表明说话人不想就原话题谈下去，是对原话题的终止。

（3）信道功能。信道功能是有话语进程的，用应对句保证或表明交际的通道畅通。一方面在交际的开始说话人要确认交际通道是否通畅。比如打电话的时候，我们总是先说“喂”，“喂”是处在话语系列开头的应对句，其作用是确认通道是否畅通。

另一方面，在话语的进行之中，为了表明听话人在听且通道畅通，也会使用应对句。例如：

⑩陈白露：（故意地）你现在真是一天比一天会说话，我一见你就不知话该从哪儿说起。

顾八奶奶：（飘飘然）真的么？

顾八奶奶：倒也是，我自己也觉得……〈曹〉

“可不是”并不是单纯地表示肯定，主要是表明陈白露在听对方讲话，这样交际才能持续下去。这种情况在电话交谈中最为明显，因为电话交谈不是面对面的，没有非言语的反馈，为了交际的进行，就需要这种言语的反馈。观察人们的电话交谈，经常听到“对，对”、“好，好”的应对句，就出于上述目的。

（4）提示功能。应对句经常在话语中起提示作用。借着提示，使听话人对话语保持注意，说话人自身也借着提示调整自己的言语表达。提示有针对对方的，也有针对自己的。例如：

⑪ 李石清：谢谢，谢谢。经理。您放心，我总是尽我全力为您做事。

潘月亭：好，好。——哦，那张裁员名单你带来了么？〈曹〉

⑫ 杉风赔笑：“别神经过敏，呵，我心里只有你，你明天等我，呵。”他看到月光手上的月饼：“呵，对了，快到中秋了，你最喜欢吃细沙的、莲馨的月饼，对吗？我明天给你带来，包你吃个够，呵。”〈黄〉

例⑪中的“哦”是提示对方的，例⑫中的“对了”是提示自己的。在现实的交际中，应对句到底提示哪一方，有时并不是那么分明，往往是既提示对方，也提示自己。

（5）应允功能。应对句在话语中有很多时候是针对对方话语“内容”的，表示应承、允诺、领悟等情态。

⑬ 张乔治：你来得正好！李先生，我得给你介绍介绍我的一个老朋友。

李石清：是，是，是。

⑭ 陈白露：李先生，你小心点，李太太正找你，说有话跟你讲。

李石清：是么？（笑）她哪有工夫跟我说话，她正打着牌呢。

例⑭中“是，是，是。”是对对方话语的响应、应承。例⑭中的“是么”与例⑫例不太一样，它是对对方的一种“应付”，当不想与对方交谈，又不得不说的时候往往会使用这种应对句。

⑮ a. 明天我们一起走吧。

b. 行。〈口〉

这里的“行。”表示允诺。类似的意思也使用“是”、“好”等。

应允功能只是个大致的说法，它包括的内容可能很多，远不止上面提到的几种，需要进一步的分析概括。

以上我们讨论了应对句的功能问题，应该说，这只是对应对句功能的一个初步描述。应对句作为一种比较活跃的句子类别，它所能完成的功能是很多的。对上述讨论我们还想说明两点：第一，各种功能的界限不一定泾渭分明，有时是模糊的；第二，功能和应对句形式之间不存在一对一的关系，一个应对句形式可能在不同的话语中表现不同的功能，也可能在同一话语系列中就兼表不同的功能。例如：

⑯ 若男：我们也可能于是别的地方像像样样地开店。

根宝：钱呢？

若男：是的……现在没钱，办不到，我想先筹点资金，将来再办。

“是的”是对对方话语的接续，也是对对方话语中话题的确认，同时也表明对对方话语的一种认可。